청삼아동연구시리즈 22

부모와 유치원

레지오 교육의 기록작업을 매개로 학습공동체를 지향하며

오문자 · 정선아 · 김희연

창지사

서문

이 책은 유아교육의 새로운 대안으로 세계적으로 주목받고 있는 이탈리아 레지오 교육의 영향을 받은 우리나라 두 곳의 유치원에서의 이야기를 다루고 있다. 두 유치원이 부모를 동반자로서 인식하고 부모와의 새로운 관계를 만들어 가고자 했던 노력에 대한 이야기이다. 연구라는 형식을 빌렸기에 이야기의 초점을 제한해야 했다. 초점은 유치원이라는 기관이 레지오 교육과 더불어 부모와 맺는 관계를 변화시켜 나가는 과정에 두었다. 본문에서 '우리'라고 표현한 세 연구자가 이 과정에 관여하였다. 연구자들은 두 유치원의 노력을 지원하는 컨설턴트로서 또는 조력자로서 참여하였다. 두 유치원 각각의 상황, 입장, 전략이 달랐고 연구자의 문제의식과 유치원이 해석하는 방식에 있어서 또한 조금씩 차이가 있었다. 부모들이 유치원과 관계 맺어온 역사와 부모모임에서의 기대와 반응 또한 차이가 있었다. 그 모든 차이에도 불구하고 끊임없는 변화와 다양성을 안을 수밖에 없는 과정 그 자체가 바로 '학습공동체'의 목표가 된다는 생각에이 연구 주제와 관련된 일련의 노력들을 우리는 '학습공동체를 지향한다'는 표현으로 정리하게 되었다.

두 유치원이 부모와 의사소통하면서 자신들의 교육실천을 성찰하기 위한 구체적인 매개체는 기록작업(documentation)이었다. 기록작업은 어린이들의 삶의 질을 향상시키기 위해 어린이들의 학습을 지원하고 유아교육기관, 부모, 어린이라는 교육의 각 주체들의 소통을 지원하는 레지오 교육의 기반이다. 자기 성장을 거듭해야 하는 교육기관으로서 두 유치원은, 레지오 교육을 적극적으로 도입·발전시키면서 기록작업이라는 짐을 지고 힘겨워하면서도 그 중요성을 점차 깨달아 가고 있었고, 이를 활용한 부모모임을 기획하고 조정해 갔다. 세 연구자들은 질적연구라는 연구 패러다임 가운데 실행연구라는 틀을 가지고 그 과정을 기록하고 분석하였다. 1년에 걸친 실행연구는 목표이자 과정으로서의 학습공동체 형성에 있어, 교육주체들이 소통하는 단면들과 시간의 흐름에 따른 변이를 이해함으로써 유아교육의 중요한 두 주체인 유치원과 부모의 교육실천의 변화를 도모하고자 하였다.

이러한 시도는 부모와 유치원 측에게 모두 새로운 도전을 던지면서 유치원과 부모가 어린이의 학습을 중심으로 학습공동체를 이루어가고자 했던 과정의 생생한 단면들과 변화의 경로를 드러내게 하였다. 사실 기획과 관여라는 노력의 가시적 성과를 확인하고자 했던 연구자들의 욕심이 연구 초기에는 없지 않아 있었던 것 같다. 그러나 우리의 조급한 현학적 기대는 '실제로 일어나는 일들'이라는 고운체로 걸러져 갔다. 연구자로서의 이론적 예측이나 교육자로서의 감성적 기대는 유치원 현장이라는 일상의 구체적인 결과물이나 현상으로 명료하게 드러나 주지 않았다. 오히려 새로운 도전과 갈등과 이해가 공존하면서 관계가 구성되고 확장되어 가는 것이었다. 즉, 부모와 유치원의 관계는 역동체로서 끊임없이 노력하고 변화하고 또 노력하는 순환의 '과정' 그 자체일 수밖에 없다는 점을 발견하게 되었다. 기록작업은 두 주체들의 해석과 연구자들의 해석을 담음으로써 그 과정에 대한 공유된 이해를 이끌어 낼 수 있도록 하였다. 유치원이 부모를 바라보고 이해하는 관점과 방식을 드러냈고, 부모가 유치원을 바라보고 이해하는 관점과 방식을 드러나게 하였다. 나아가 교육현장에서의 실행연구라는 행위 그 자체가 부모와 유치원, 그리고 연구자 모두에게 자기 성찰을 낳고, 새로운 기대를 낳았다. 우리는 이러한 이해를 토대로 유치원이 부모와 학습공동체를 지향하는 과정에서 기록작업이 어떠한 교육적 의미를 가지는가를 모색하였다.

유치원이 부모를 동반자로서 인식하고 학습공동체를 형성해 가고자 노력을 기울이는 데 있어 함께 기획하고 관찰한 결과에 대한 보고서를 이제 책으로 엮어, 더 많은 유아교육 관계자들과 대화를 나누고자 한다. 이 책에 담고 있는 연구 내용의 일부는 2005년 레지오 교육협회(KAREA) 국제학술대회에서 발표되었고 한국유아교육학회 학술지에 게재되었다. 학술논문에서 미처 담지 못한 이야기가 보완되었다. 연구가 시작된 2003년 이래 참으로 많은 변화가 있었다. 우리 세 연구자들은 부모에 대해, 유치원에 대해, 레지오 교육에 대해, 기록작업에 대해 생각을 더해 왔다. 유아교육 현장과 함께 하는 실행연구에 대해서도 많은 고민과 딜레마를 겪고 희망을 보고 있다. 유치원들도 마찬가지이다. 레지오 교육과 사립유치원이라는 섬들을 연결하는 다리를 잘 놓고 싶지만, 그 다리가 어떤 모습과 기능을 가져야 하는지를 일일이 찾아가며 다리 공사를 하는 일이란 끊임없이 새로운 도전과 만나는 참으로 어려운 일이다. 아마도 끝이란 없는 공사가 될 것이다. 기회가 된다면 2003년 그 이후의 이야기를 정리하여 다시 나누고 싶다.

이 연구를 통해 우리가 마음 깊이 새기게 된 것은 학습공동체란 유치원과 부모 사이에서 거창하게 조직되고 운영되는 무엇이 아니라 곳곳의 작은 유치원에서 내 아이와 우리 반 아이들의 일상적 삶이, 행복하고 가치로운 성장으로 향해 가도록 교육의 진정성에 대해 머리를 맞대고 대화하는 과정 그 자체라는 것이었다. 그리고 그 진정성이 딛고 있어야 할 굳건한 기반은, 어린이들의 유능성과 그들의 생각을 존중하며, 교실에서 성실하고 세심하게 어린이들의 학습을 관찰하고 기록하는 교사들의 기록작업이라는 것이었다. 레지오 교육을, 레지오 교육에서의 기록작업을 매개로 하지만 중요한 것은 레지오 그 자체가 아니라 우리 자신들이 목소리를 내어 어린이들의 삶과 학습에 의미를 새롭게 구성해 가는 일이다. 의미는 특정 이론이나 이념, 또는 틀과 같은 무엇으로 규정되어 있는 것이 아니다. 무로부터 창출되는 것도 아니다. 어린이들과 교사의 일상에서의 상호작용이 끝없이 가지를 치며 모이고 뻗쳐나가기를 거듭하는 일이다. 그러한 의미에서 경계가 존재하는 완결된 조직체로 인식되기 쉬운 '공동체'(共同體)라는 용어는 적절하지 않을지도 모른다. 자유롭게 이합집산하며 스스로 변형되어 가는 노마드적 에너지로 가득 찬 '커뮤니티'(community)이어야 할 것 같다는 생각이다. 이제 유아교육종사자들은 유치원과 어린이집, 사립과 공립, 교육과 보육 등과 같은 제도적 구분을 넘어, 어린이의 교육이 일어나는 소박하고 작은 장소들에서 어떻게 교육의 여러 주체들이 커뮤니티의 에너지를 응집해 갈지를 고민해야 할 것이다.

이 책이 어린이라는 존재와 부모라는 존재, 그리고 그들과 유아교육기관의 교육적 관계에 대해 유치원이라는 교육실천 현장과 나아가 유아교육학이라는 학문 분야가 더 풍부하고 더 깊이 있는 논의를 발전시키는 데 작은 도움이 되기를 바란다. 연구가 책으로 정리될 때까지 연구자들의 게으름을 책망하지 않고 가슴앓이를 감내하며 기다려 준 청삼아동문제연구소 측에게 심심한 사죄와 감사의 마음을 전한다.

2010. 11. 저자 일동

차례

CHAPTER 1

우리의 기대

지난 30년간 우리나라의 유아교육은 팽창일로를 걸어 왔다. 초·중등교육과 달리 유아교육은 사립 운영체제를 중심으로 발전되어 오면서 국가 주도의 교육논리로부터 자유로운, 다양한 실험의 장임과 동시에 자유시장 경제 논리에 지배받는 경쟁의 장으로서 특징을 갖게 되었다. 교육적 이상을 실현하기 위한 프로그램들이 다각적으로 개발 혹은 수입되었고, 또 한편으로는 원아 확보를 위한 차별화 전략이 개별 기관의 존립과 이윤 창출의 관건으로 작용해 왔다. 그 가운데, 부모들은 어린이의 발달적 성취를 극대화하기 위한 계몽의 대상이자 교육기관의 수요자로서 존재해 왔다. 어린이의 발달적 특성과 교육지원 전략을 부모로 하여금 이해하도록 학습시켜 적절한 '부모노릇'을 실천하게 하는 것으로서의 '부모교육'은 전통적으로 유아교육 분야를 특징짓는 중요한 부분이 되어 왔다. 동시에 교육비를 지불하는 교육수요자로서의 부모는 유치원의 교육공급에 영향을 미치는 소비자로서의 권한을 점차적으로 확대해 오면서 유아교육과정(curriculum)을 조정하게 하는 주요 요인으로 인식되었다. 결국 유아교육에 있어 부모는 교육의 외곽에서 머물면서 교육적 가치에 대한 공감대 없이 유치원의 교육 내용을 간접적으로 조종하는 역할을 행사하고, 유치원은 부모를 교육적 식견을 갖추지 못한 교육 서비스 구매자로서 바라보며 소비자 욕구의 충족을 위해 교육의 방향을 맞추어 나가는 현상이 흔히 발견되어 왔다. 이러한 현상은 유아교육 실제 속에서 부모를 교육의 대상으로 간주하는 관점과 유아교육 현장을 어린이가 사회적 성공에 필요한 학습자본을 습득하는 시발점으로 접근하는 관점을 모두 그대로 수용하고 있다는 문제를 안고 있었다.

이러한 문제 인식은, 이미 20년 이상 축적되어 온, 부모를 객체로 설정하는 '부모교육'을 비판하고 교육주체로서 부모를 인식하는 '부모참여'(parent participation/ involvement)의 개념을 통해 부모와 유치원과의 관계를 재설정하고자 하는 주장들을 더욱 주목하도록 한다. 그리고 부모참여는 자녀에게 학습자본을 습득하게 하는 소비자의 권리 의식으로서가 아니라 교육 사태에서의 개인적/집단적 이기주의의 팽배를 우려하고 그 대안을 찾고자 하는 가운데 발전되어 온 학습공동체의 개념 안에서 더욱 적극적인 의미로 재구성된다. 여기서 부모는 유치원으로부터 분리된 교육의 대상이나 교육 서비스 제공의 대상이 아니라 학습공동체의 공동 주체로서 학습에 참여하는 존재로 인식된다. 부모는 타인의 주관에 의해 실행되는 교육사태의 '한 부분을 담당하는 것'(taking a part)이 아니라 '한 부분이 되어'(being a part) 학습에 참여한다. 부모가 한 부분이 되는 학습공동체는 어린이들의 학습을 중심으로 교사의 학습과 부모의 학습이 (더 나아가 지역사회의 학습이) 유기적으로 연결되는 교학상장(教學相長)의 이상을 실현하고자 한다. 또한 이를 통해 '어린이의 삶의 질을 향상시킨다'는 유아교육의 본질에 다가가고자 한다.

학습공동체라는 개념의 발전은 부모들의 교육 운동이라는 실천과 밀접하게 관련되어 왔는데, 대략 두 가지로 대표되는 전개 방식이 관찰된다. 하나는 '자생'의 방식이다. 자신들이 원하는 방향의 교육을 위한 학교세우기를 위해 뜻을 같이 하는 구성원들이 소집, 또는 교체되고 그 가운데 새로운 합의와 방향이 창조되어 가는 과정이다. 다른 하나는 '적용'의 방식이다. 이미 발전된 형태의 학습공동체가 있고 새로운 구성원들이 그 공동체를 모델로 하여 또 다른 공동체 형성을 기대하면서 도입과 반응을 조심스레 살피며 조정해 가는 방식이다. 한국 사회의 유아교육 실천에 있어서 학습공동체 형성의 움직임으로는 '공동육아'를 자생 방식을 대표하는 예로서, 그리고 '레지오 에밀리아 교육에 영감을 받은 유치원'(early education institutions inspired by the Reggio Emilia education)을 적용 방식의 한 예로 볼 수 있을 것이다. 부모와 유아교육기관과의 관계를 수요자와 공급자라는 자본주의적 발상이나 지식의 우위 설정과 전달이라는 계몽주의적 발상이 지배하는 모더니즘의 한계를 넘어 다시 해석하고자 하는 문제의식은, 두 사례를 면밀하고도 심층적으로 조명해야 할 필요성을 부각시킨다. 두 사례는 전개 방식과 교육적 신념 등에서 상당한 공통점을 가지고 있고(이부미, 2002) 유아교육·보육계의 새로운 움직임으로 주목받고 있다.

그러나, 자생 방식의 학습공동체에 관한 연구는 초등학교의 사례(서근원, 2004)를 통해 심도 있는 탐구가 이루어진 반면 공동육아를 중심으로 한 본격적인 연구는 아직 이루어지지 않고 있다. 적용 방식과 관련하여 레지오 에밀리아 유아교육(이하 '레지오 교육' 또는 '레지오'로 약칭)을 적용하는 유치원의 교육 실제 및 이론에 대한 담론은 활발히 진행되고 있으나 학습공동체라는 개념을 중심으로 한 실천 연구가 이루어지지는 않았다.

이 시점에서, 공동육아와 같은 움직임은 부모가 중심이 되어 유아교육기관과 부모라는 존재의 경계를 무너트린다는 점에서 한국 사회 변화의 일면을 극명하게 드러내며 유아교육·보육의 새로운 패러다임을 대변하고 있다는 측면에서 그 가치를 높이 평가할 수 있다. 그러나 유아교육·보육 현장의 변화를 주도할 것으로 낙관하기는 힘들며 반드시 그러한 개혁만이 대안이 되는 것도 아니다. 약 80%를 차지하고 있는 민간 주도성 가운데, 한국 사회의 대다수의 유아교육·보육 현장은 국가수준의 유아교육과정/보육과정의 수행과 통제·관리로 표출되는 중앙집권성과 '~교육', '~접근법', '~프로그램'으로 불리는 다양한 교육 실제의 적용으로 표출되는 기관별 자율성이라는 두 극단의 연속선 위의 어딘가에 있어 왔다. 단위 기관의 기관장, 또는 단위 기관 내의 일부 교사에 의한 '전통적인', '새로운', '유명한', '수요자가 원하는' 교육의 방향에 대한 관심과 도입이라는 모습으로 민감하게 반응하면서 그 선택 대상의 대치, 병합, 가감을 거듭하는 것이 유아교육·보육 현장의 변화의 큰 물결이었다. 부모가 앞장서서 기관을 세우거나 기존의 기관을 개혁해 나가기보다 기관 주도의 상품적 가치가 기관 개혁의 핵심 이슈로 자리 잡고 있는 것이다.

그 상품적 가치가 진정한 교육이라는 가치와 맞물려 있는 경우가 많다 해도, 마치 대중문화의 유행처럼 나타났다 사라지는 매뉴얼화된 '적용의 교육'은 레지오 교육이 한국에 도입되는 출발점부터 비판적으로 인식되었었다. 국가수준의 교육과정이건 외국의 무엇이건 국내의 무엇이건 간에 누군가가 개발해 놓은 것을 그대로 들여와 동네마다의 유치원 교실에 벌여 놓는, 프로그램의 유통장소로서의 소위 '레지오 유치원'은 곤란하다는 인식이었다. 레지오 교육을 하나의 철학이자 관점이자 패러다임으로서 이해하고 해석하며 우리 스스로 계속 발전시켜 나가야 할 것으로 강조되었다(김희연, 정선아, 오문자, 2005; 오문자, 2010). 전통적인 유아교육·보육기관의 제도적 장치를 그대로 유지하면서도 뼈를 깎는 고통과 희생을 기관 또는 개인 차원의 자기 쇄신 과정에서 감수하면서 적용의 방식에 대한 근본적인 질문을 함께 안고 갔다. 물론 '레지오를 하는'이라는 수식어가 붙는 모든 유아교육기관의 질문이라고 하기는 힘들지만, 그러한 질문들은 적어도 레지오 교육에 관심을 갖는 유아교육전문가들이 공유하는 문제의식이었고 동시에 유아교육 현장에 대한 시대적 요구였다고 볼 수 있다. 결국, 전자

(자생 방식)의 움직임보다는 후자(적용 방식)에 의한 움직임이 대다수의 교육 현장에서 자기 혁신을 이루고자 하는, 더 일반적이고 현실적인 방식이라는 점을 통해 볼 때, 한국의 유아교육·보육 현장에서의 '적용 방식'의 새로운 움직임과 동시에 현장을 중심으로 한 변화의 큰 파장을 이끌어 낼 잠재력을 가진 것으로 레지오 교육의 적용을 접근해 가고자 하였다.

레지오 교육을 특징짓는 중심 원리 중의 하나는 바로 부모를 교사, 어린이와 더불어 교육의 3대 주체로 전제한다는 점이다. 어린이의 교육과 보호의 핵심적 존재로서의 부모는 자녀의 학습에 있어 '적극적 일부'(active part)가 되며, 부모의 요구와 참여에 대한 유치원의 기대와 지원을 통해 최적의 학습과정을 구축하고자 한다(Gandini, 1997a, 1998). 부모와의 만남이란 부차적 조력이나 형식적 연계와는 차원이 다른 교육의 일부분이자 그 자체로서, 부모와의 협력체제 구축이 레지오의 초석을 이룬다. 결국, 레지오에서 부모참여는 유치원에서의 경험과 가정에서의 경험의 연속성을 높임으로써 교육 '효과'를 극대화한다는 기능적 관점으로부터 벗어나, '학습공동체'가 되어가는 과정이라는 과정적 관점으로의 전환을 구체화시킨 교육 현상이자 원리라 할 수 있다(김희연, 2003).

이 전환에 있어 '기록작업'(documentation)이 매우 유기적인 역할을 담당한다고 레지오 교육은 주장한다. 기록작업은 어린이들의 경험이나 활동 단계마다 일어나는 현상의 기술(description)과 그에 대한 교육적 해석(interpretation)의 연속체로서, 학습과정을 이끌어 가는 주요한 메커니즘으로 기능한다고 본다. 부모는 기록작업을 통해 '양질의 교육과 관련된 어린이에 대한 이미지와 어린이의 권리에 대한 반성적 사고와 질문과 재구성을 자극하고 강화하는 보다 상세한 지식'(Forman & Fyfe, 1998: 256)을 제공받게 된다. 또한 교사들이 어떻게 어린이들과 시간과 매체와 교육적 의미라는 차원에서 깊이 상호작용하는지를 부모들이 알게 함으로써 교사를 더 이해하게 하도록 할 뿐만 아니라 효과적인 의사소통의 방법을 제안하게 하기도 하고 교육적 행위의 전문성에 대한 신뢰에 입각하여 유치원 교육과정에 대해 이해하고 개입하도록 한다(오문자, 2010). 기록작업은 어린이의 사고와 활동에 대한 연구 안으로 부모와 교사를 교육 맥락 속으로 '함께' 초대하는 것이다. 이렇게 레지오에서는 기록작업을 매개로 한 부모참여 과정을 공동의 주체의식 하에 '학교문화를 학습공동체(community of learners)로 변형시켜 나가는'(Bersani & Jarjoura, 2002: 69-70) 과정으로 보며, 학교 안에서 부모와 교사가 '공유된 가치'(shared value), 즉 '우리 관계'(sense of we)를 만들고 탐색해 가는 과정으로 본다.

교육은 사회로부터 고립되거나 격리된 상태에서 일어나는 것이 아니라 가족, 다른 유아, 교사, 학교, 지역사회, 보다 넓게는 국가와의 관계 속에서 이루어진다. 유치원 역시 이들이 상호 연결되어 호혜적이며 서로 활성화되고 지지되는 관계성 속에서 교육이 이루어지기를 기대하는 하나의 체제이다. 이 체제 안에서 기록작업이 어린이의 교육을 중심으로 부모들 안으로 어떻게 스며들어가고 '공유된 가치'(shared value)를 만들어 갈 수 있는지에 대해 살펴보는 것은 교육의 주체들이 상호 관계 속에서 어떻게 교육적 의미들을 구성해 가는가를 이해하게 하는 데 반드시 필요하다. 즉, '주관성과 상호주관성이 향하는 대화(dialogue)의 역동성'(Rubizzi, 2001: 94)을 살펴보는 것은 특히나 부모참여에 대한 새로운 통찰력을 제공할 수 있을 것이다. 유치원은 작은 단위세계임과 동시에 하위문화이다. 그러나 유치원은 사회가 요구하는 교육서비스의 단순한 제공자가 되기보다 지역사회 내에서 어린이에 대한 문화와 관점을 바꾸고 행정체제에 영향을 주는 세력 집단을 부모들과 함께 만들기 위한 지역사회의 문화적 구심점으로 성장할 가능성을 안고 있다. 이러한 가능성은 교사와 교육기관에 대한 신뢰의 회복과 부모의 교육적 의식 변화의 과정, 그리고 부모가 구성원이 되는 지역사회 교육 문화의 변화로 이어질 가능성 또한 품게 된다. 다시 말해서 유치원 내에서 일어나는 '우리의 공유된 가치' 구성 과정은 어린이와 어린이 교육에 대한 새로운 문화와 네트워크 창출로 이어지는 계기가 될 수 있을 것이다. 이러한 점에 비추어, 우리는 과도한 사교육 열기 속에 사립 운영체제를 중심으로 발전되어 온 우리나라의 유아교육 실제 한가운데서 학습공동체 형성을 지향한다는 유토피아적 발상으로부터 레지오의 기록작업은 분명히 의미 있는 시도가 될 수 있다는 기대를 갖게 되었다.

그러나 우리나라는 제도적, 문화적, 역사적 차원에서 '지역사회 중심의 운영'(gestione sociale)을 배경으로 하는 레지오와는 현격히 다른 유아교육체제를 가지고 있다. 부모가 학교와 관계를 맺는 과정에는, 공적 자금이 운영의 근간이 되는 초·중등교육과는 달리 사립운영 주도 체제가 낳는 다양한 부산물, 학교에 대한 표층적 기대와 내면적 기대가 일치하지 않는 부모들의 이중적 인식구조(김영화, 이인효, 김진형, 1994), 교육적 성취의 성패와 사회적 성취의 성패 간의 등식 인식이 강하게 작용하는 교육열(오욱환, 2000), 중소도시가 아닌 거대도시를 거점으로 하는 문화의 특징, 전통적인 유교 문화권의 영향을 받은 군사부일체 의식 등이 복합적으로 작용하고 있다. 그렇다면 어린이와 어린이 교육에 대한 새로운 문화와 네트워크의 창출과정은 과연 '우리에게' 일어날 수 있을 것인가? 학교와 부모가 지니는 생각과 경험과 기대의 차이를 넘어, '우리'의 요구에 맞는 부모참여에 대한 바람직한 개념과 방식을 함께 만들고 공유해 나가게 되는 과정이 기록작업을 매개로 드러날 수 있을 것인가? 우리나라의 유치원에서, 부모참여 과정에서의 기록작업 활용은 교육적, 문화적, 역사적 독특성을 분출하면서, 교사－어린이－부모의 협력적 관계에 입각한 학습공동체 형성의 가능성을 보게 할 것으로 생각하였다.

이에 우리는 유아교육 현장에서의 학습공동체 발현을 지향하며 기록작업을 매개로 한 부모참여를 레지오 교육에 영감을 받은 유치원과 함께 기획하게 되었다. 부모와 유치원이 기록작업을 통해, 대화하고 의사소통하는 과정을 지원하고 관찰함으로써 우리의 교육현실에 던진 '학습공동체'로서의 '우리의 공유된 가치' 구성이라는 도전에 대해 함께 실천하고 공부해 보기로 하였다. 이 연구는 그 노력 과정에 대한 기술과 해석이다. 학습공동체를 지향하는 레지오 교육의 영향을 받은 두 유치원의 관련 구성원들이 부모를 동반자로서 인식하고 유치원을 중심으로 학습공동체를 형성해 가고자 했던 노력에 대한 실행연구 보고이다.

CHAPTER 2

우리의 앎

우리가 기록작업을 매개로 한 부모참여를 통해 학습공동체라는 이상을 추구하는 실천을 기획한 것은 레지오 교육에 대한 우리의 앎에 많은 부분 기대어 있었던 것이 사실이다. 우리들이 '더 나은 교육'을 위해 유아교육 현장에 관심을 가지고 관여하게 된 강한 동기로서 레지오라는 교육 실제에 대한 지식이 있었기 때문이다. 따라서 레지오 접근법에 대한 우리의 지식과 이해가 무엇이었는지를 밝히는 것은 중요하다. 연구가 진행되면서 우리 세 연구자 사이에 레지오 교육에 대한 각자의 해석의 차이가 표출되기도 하고 심화되기도 했지만, 기획에 있어 기대어 있던 앎의 실체는 다음과 같다.

1. 레지오 교육이란

레지오 에밀리아 유아교육은 파시스트의 억압으로부터 벗어나고자 하는 사회적 의식의 성장으로, 제2차 세계대전 직후 이탈리아 북부의 레지오 에밀리아 시에서 공동조합 형태로 자녀들을 위한 학교를 짓는 부모 운동으로부터 시작되었다(Gandini, 1997b, 1998). 이탈리아 파시즘에 대한 이 지역의 뿌리 깊은 저항 정신이 제2차 세계대전 이후 해방과 더불어 민주주의에 대한 열망으로 이어졌고, 산업의 새로운 주역이 된 여성들의 권리를 찾고자 하는 여성 운동과 맞물리면서 새로운 역사와 평화를 위한 헌신으로 교육적 전환을 맞이하게 된 것이다. 이 움직임은 시작부터 고통과 투쟁의 연속이었지만, 레지오 교육자들은 지역사회의 신뢰를 얻고 공동 신념을 구축해 나갔다. 1960년대 후반에 이르면서 시민에 의한, 교육과 복지의 개념을 통합한 시립 유아 서비스 체제를 만들게 되었고, 그 역사를 토대로 이후 교육의 정체성 수립과 새 문화를 창조하는 데 주력해 왔다(Barazzoni, 2000). 레지오 교육자들은 교육자로서의 전문적 성장을 통한 교육의 질적 향상을 도모하기 위해, 전 세계의 다양한 분야의 이론들을 섭렵하며 실제에 적용하고자 하였다. 그러나 이론가들이 제안해 놓은 방식을 수동적으로 매뉴얼화하기보다는 교육 실제에 대한 연구적 자세로서 그들만의 현장 이론을 구축해 내는 양방향적 교류를 강조하며 현장 연구를 거듭해 왔다. 이러한 지속적인 실험과 연구의 정신은 지금까지 레지오 교육을 특징짓는 것으로 남아있다. 유아교육의 다양한 프로그램들이, 특정 이론에서 도출된 실제의 정형을 제공하는 경향이 있는 것과 달리, 레지오 교육은 하나의 유아 교육적 기법이나 정형화된 틀을 단순히 받아들이려 하지 않으며 그러한 틀을 만들어서도 안 된다고 생각한다. 살아있으며 지속적인 변화의 가능성을 내포한 포괄적 교육 체제 및 그 정신을 지향한다.

레지오 교육은, 우선 유능한 어린이에 대한 이미지에서 출발한다. 낭만적인 어린이에 대한 찬양의 의미가 아닌 그들이 가진 잠재력과 가능성을 인정하고자 한다. 근본적으로 어린이를 비롯한 모든 학습자는 원래 능동적이며, 호기심이 많고 알고자 하는 욕구가 강한 존재라는 가정을 갖고 있지만, 이들은 혼자가 아닌 공동체 안에서 서로 교류하고 갈등을 해소하고 해결점을 찾으며 함께 지식을 구성해 나간다는 사회적 구성주의 학습 원리를 토대로 하고 있다(Rinaldi, 1993/1995). 따라서 레지오 교육에서는 다양한 규모의 집단 속에서 '백 가지 언어' 혹은 다양한 표현방식을 통해 의사소통함으로써 서로를 이해하고 자신들 주변의 세상을 알아 나가도록 지원한다.

모든 사회 구성원은 학교를 비롯해서 넓게는 지역사회에 이르기까지 모두 관계망 속에 살고 있고, 모든 정보들은 분절된 것으로 흡수하기보다 관계 짓기를 통해서 비로소 지식으로서 의미가 창출된다는 시각에서 그들은 자신들의 교육을 '관계에 기초한 교육'(Malaguzzi, 1993)이라고 묘사한다. 나아가 이 관계망 안에서 개개인의 고유성 및 주관성을 존중하고, 이 주관성들이 서로 교류하여 공동의 상호 주관성을 수립하기 위해 서로의 생각을 이해하려고 노력한다는 의미에서 '상호 귀 기울임에 의한 교육'(Rinaldi, 2001)을 주장한다. 이는 어린이들 사이, 어린이와 성인 사이, 성인들 간 모두에게 해당되는 원칙이다. 교사를 비롯한 성인들은 어린이들의 흥미와 자신들의 교육자로서의 판단을 계속적으로 조율해 나가면서 어린이들에게 의미 있는 경험을 깊이 있게 이어가도록 지원하는, 장기 및 단기 프로젝트를 운영한다. 미리 처방된 경로와 방식을 따라 진행되기보다는 어린이들의 흥미와 상황에 귀를 기울인 것과 교사의 판단이 협상을 통해 서서히 형성되어 간다는 의미에서 '발현적 교육과정'(Rinaldi, 1998)이라 부른다.

교사는 프로젝트의 과정에서 지식의 전달자가 아니라 능동적인 학습 집단이 탐구하고 연구해 나가는 과정을 지원하는 지식 구성 과정의 파트너이다. 어린이들의 탐색과 실험을 지원해 주며 새로운 질문들을 야기시킨다는 차원에서 물리적 환경은 제3의 교사로 불리며 중시된다. 협동 교수체제로 각 반에 두 명의 교사가 함께 일하면서 다양한 시각의 교류를 통한 협의를 원칙으로 한다. 시각 예술을 비롯한 다양한 예술 분야의 경험과 훈련을 받은 아뜰리에리스타를 각 기관마다 두고 통상적 의미의 언어를 넘어 어린이의 그림, 조형, 극놀이, 철사, 신체, 음악 등의 다양한 언어를 통한 표현 및 탐색을 지원하고 있다. 또한, 지역사회 및 부모, 시 등과의 교류 및 교사 교육을 주관하는 페다고지스타를 시 교육청에 두고 있으며, 부모를 교육의 한 주체로 보고 교육적 결정에 적극적으로 참여할 수 있는 기회와 역할을 마련하고 있다. 앞서 살펴본 바와 같이, 레지오 교육은 모두 서로 얽히고 조직화된 체제 안에서 이루어지며, 그 안에서 협력과 기록작업이라는 요소는 레지오 교육 체제가 움직이도록 하는 근간이 되는 요소이다.

2. 교육 주체로서의 부모

레지오 교육을 특징짓는 중심 원리 중의 하나가 바로 부모를 교사나 어린이와 더불어 교육의 3대 주체로 전제한다는 점이다. 레지오에서 교육은 이 주체들 간의 관계로 이루어진 하나의 체제이다(Malaguzzi, 1998). 어린이의 교육과 보호의 핵심적 존재로서의 부모는 자녀의 학습 과정에 있어서 적극적 구성요소가 되며, 부모의 요구와 참여에 대한 학교의 기대와 지원(Gandini, 1997b, 1998)을 통해 최적의 학습과정을 구축하고자 한다(Gandini, 1997a, 1998). 이 체제 안에서 부모들은 집단 내 구성원들과의 교류를 통해 다양한 지식을 구성해 나가는 학습자 공동체의 일원이기도 하다(Seidel, 2001/2005). 레지오 교육에서 유능한 '어린이의 이미지'가 역설되듯이, 교육적 변화를 위해서는 부모에 대한 시각의 전환이 요구된다. 즉, 유능하고 신뢰할 수 있으며 알고자 하는 '부모의 이미지'(Hartzell & Zlotoff, 2004)로의 전환이 필요하다.

레지오 교육은 일종의 '학습자 공동체'인 협력체제이다. 부모를 포함한 모든 관심 있는 사람들의 참여가 있음으로써 교육이 의미를 찾는다고 믿는다(Cagliari & Giudici, 2001/2005). 참여는 가치의 문제로 접근된다. 이미 만들어진 프로그램 및 교육적 가치와 이상에 단순히 동조하는 것이 아니라 함께 생각을 모아 새로운 지식과 현실을 함께 구성하며 가치를 창출해 나가는 것이 교육이라는 것이다. 교육의 주체들이 자신들이 몸담아 살고 싶은 그런 유형의 공동체를 매일매일 함께 구축해 나감을 강조하고 있다(Rinaldi, 2006). 부모는 시민으로서 교육을 만들어가는 데 참여할 자격과 권리가 있으며, 이를 위한 자질은 발전되어가는 것으로 보고, 함께 생각하고, 그 생각들을 서로 교류하면서 새로운 문화를 만들어가는 '공공성을 띤 공간'을 구성해 내는 것을 학교의 목표로 삼는다(Cagliari & Giudici, 2001/2005). 따라서, 부모와의 만남이란 자신의 아이에게 좋은 부모가 되는 기술을 가르칠 기회를 갖는 것이 아니며, 부차적 조력 획득이나 형식적 연계와는 차원이 다르다. 학교와 부모 간의 협력체제 구축이 레지오의 초석을 이루므로, 무엇을 부모들을 '위하여' 해주기보다 부모들과 '함께 배우고 만들어 나가는 것'이 필요하다는 것이다(Fyfe, Hovey & Strange, 2004; Hartzell & Zlotoff, 2004). 결국, 레지오 교육에서 부모참여는, 학교 경험과 가정 경험의 연속성을 높임으로써 선결정된 교육 목표에의 달성 '효과'를 극대화시키기 위한 기회를 넓힌다는 소위 '기능적 관점'으로부터, 교육적 가치와 교육 체제를 함께 만들어가는 '학습공동체'의 일원이 되어간다는 '과정적 관점'으로의 전환을 실현하고 있다.

3. 기록작업의 의미

기록이란 통상적으로 사실의 진실성을 입증하거나 있는 그대로의 자료를 모아내는 작업이라고 인식되기 쉽다. 그러나 기록의 사전적 의미를 살펴보더라도 더 이상 중립적이고 수동적인 작업이 아닌 '흔적을 남겨서 자료를 만들고, 그것을 통해 주장을 하는' 매우 능동적인 작업이라고 할 수 있다. 레지오에서 출판된 책, 시각적 자료, 그리고 유치원 벽에 게시된 패널 등을 보면, 그들에게 기록작업은 '개인과 집단이 작업하고, 놀고, 배우는 것을 이미지와 말들로 나타내고자 하는 과정과 결과 모두'(Seidel, 2001/2005a, p. 304)를 의미하고 있으며, 사실상 이 과정들과 결과들은 분리될 수 없는 연속선상의 사건들이라 할 수 있다. 레지오 교육 실제에 있어서 기록작업은 일상을 이루는 필수적 부분으로, Dahlberg와 Pence와 Moss(1999)는 이를 '교육적 기록작업'(pedagogical documentation)이라고 정의하고 있다. 기록작업은 또한 레지오 교육에서 '연구자로서의 교사'라는 개념의 중심을 이룬다. 현장연구가로서 교사는, 유치원 일과 중에, 자발적으로 놀이하는 어린이들뿐만 아니라 교사와 함께하는 작업하는 어린이들을 관찰한다. 어린이들의 말과 행위들을 노트에 기록하거나, 사진을 통해 모습을 담고, 스케치를 하는 등의 다양한 방법을 동원해서 흔적을 남기며, 이 모든 자료를 다른 동료교사들과 함께 돌이켜 봄으로써, 지난 경험의 이해 및 해석, 다음 경험의 선택 및 조직 등을 위한 자료로 사용한다(Giudici, Rinaldi & Krechevsky, 2001/2005).

따라서 레지오 교육자들에게 기록작업은 단순한 자료 모음 이상으로, 이해를 위한 것이며 의미를 창출하기 위한 것이다. 이는 '다양한 도구를 동원하여 수집한 자료에 대해 서로 다른 시각들이 기여하는 바를 의식하는, 면밀하고 예리한 관찰과 주의 깊은 귀 기울임의 교육적 해석'(Gandini & Goldhaber, 2001: 125)이라 할 수 있다. 기록작업은 '학습과 교수의 다양한 방식을 이해해가는 과정'(Seidel, 2001/2005a: 305)으로 종종 형성평가 혹은 사정(assessment)과 유사한 평가의 개념으로 접근되기도 한다. 레지오의 아뜰리에 리스타인 Vecchi(1998)는 모든 기록작업의 중요성을 다음과 같이 역설한다.

> 우리가 살아가고 있는 경험과 우리가 탐색하고 있는 프로젝트들에 대해서 개인적이고 집단적으로 '읽어내고' 비평적으로 돌이켜 보는 데 매일 사용하는 필수적인 자료의 원천으로, 이것들은 우리로 하여금 임의적이거나 가공된 이론과 가설을 만들어 어린이들에게 귀속시키지 않도록 해준다. (141-142)

기록작업은 결과보다는 과정으로서의 의미가 강하며, 어린이들의 경험이나 활동 단계마다 일어나는 현상의 관찰 및 기술(description)과 그에 대한 교육적 해석(interpretation)의 연속체로서, '프로제따찌오네'(progettazione, Rinaldi, 2001/2005)라고 불리는 교육과정과 경험 산출의 주요한 매체로 기능한다.

또한 레지오 교육에서 기록작업은 협동을 통한 지식의 공동 구성이라는 원리와 분리시켜 생각할 수 없으며, 의사소통과 집단과 개개인의 존재를 인정해 주고 그 안에서 일어나는 학습을 가시화시켜 준다. 기록작업은, 소집단에서 작업하는 어린이들 각자의 목소리와 아이디어들을 가시화시키고, 그 결과 자신의 생각을 반추하고 다른 어린이들과의 의견을 비교해 보면서 어린이들이 자신의 지식을 구성해 나가도록 교사가 지원할 수 있는 맥락을 제공해 준다(Gandini & Goldhaber, 2001). 나아가 기록작업의 대상은 어린이들이나 학급 내 프로젝트로만 국한되지 않는다. 기록작업은 학습의 과정이면서 의사소통의 수단이므로, 교육의 세 주역들 사이에 다양한 시각들이 분석되고 검토되면서 탐색하고 다시 돌이켜보고 대화하고 참여하는 것을 전제로 한다(Rinaldi, 1994). 여기서 귀 기울임(listening), 반성적 사고(reflection), 서로의 다름에 대해 열린 자세(openness) 등이 이 과정의 핵심이 되는 것이다. 더욱이 기록작업의 잠정적 결과물로서 산출된 패널들과 그것으로 이루어진 전시회는 또 다른 차원의 대화와 참여를 유발시킬 수 있다고 본다. 이러한 교육적 시도는 투명성과 개방성을 확보하여 다른 문화권의 교육자들이나 다른 분야의 종사자들과 의사소통과 교육의 제반 이슈에 관한 담론 형성을 위한 기회를 마련해 준다. 레지오 교육에서 기록작업은 모든 작업 상황과 모든 참여자들 사이에서 '돌이켜봄의 가능성'(Rinaldi, 2001/2005)을 지녔다는 점에서 그 가치를 인정받는다.

4. 부모참여에서 기록작업의 의의

Malaguzzi(1998)는 교사들의 고립을 방지하고 어린이들의 발전해가는 모습을 부모들과 나누고 의사소통하기 위한 방식으로서의 기록작업의 가치를 역설하면서, '양질의 정보가 지속적으로 오고 가는 것'의 중요성을 강조한다. 부모들의 존재를 보여주는 사진, 정보, 코멘트 등으로 이루어진 패널과 공간 구성, 학교에서 일어난 하루 일상을 부모와 나누기 위한 학급일지 게시, 개별 어린이들에 대한 교육 일지 작성, 어린이들의 작업 과정에 대한 시각자료를 활용한 부모회의에서의 논의 등, 기록작업은 부모와 관련되어 다양한 형식으로 이루어지고 활용된다. 만 3세 이하의 어린이들을 위해서는 한해가 끝날 때에는 개별 어린이를 위해 어린이의 작업 과정에 대한 기록, 말, 이미지 등 산물들이 담겨진 일지 'Diario'를 제공한다(Edwards & Rinaldi, 2009). 또한 부모와 교사가 교류하고 기록을 남긴 '두 개의 목소리를 위한 노트북'(Giovannini, 2001)은 어린이의 성장과정을 부모와 교사가 재구성해 낸 결과를 담게 된다. 즉, 레지오 교육에서는 일방적인 흐름이 아닌 상호 관계를 발전적인 방향으로 만들어 나가는 과정에서 다양한 형태와 수준의 기록작업이 이 관계 형성의 연결고리가 되어 주는데, 이와 유사한 형태로 부모와 교사가 주고받으며 만들어가는 '날적이'(이부미, 2001)를 우리나라의 공동육아 체제에서도 찾아볼 수 있다. 이처럼 다양한 레지오의 기록들은 '참여'(participation)를 교육 가치이자 책략으로 삼는다.

다양한 형식의 기록작업을 경험하면서 부모들은 소속감, 신뢰, 안도감을 갖게 되고 어린이와 어린이 교육에 대한 강한 주창자가 되어간다(Giovannini, 2001; Hunter, 2001; Leask, 2001). 이를 위해 레지오 이외의 유아교육기관에서도 레지오 정신에 영감을 얻어 기록작업을 통해 부모와의 관계를 발전적으로 변화시키고자 해왔다. 이 시도들은 부모참여에 부여하는 의미와 기록작업을 활용하는 방식에 있어서 차이점을 기준으로 다음과 같은 세 가지로 나누어 살펴볼 수 있다. 우선, 미국의 헤드 스타트 프로그램(McClow & Gillespie, 1998) 및 아동 발달 연구의 전통을 지닌 기관들(Bersani & Jarjoura, 2002; Fyfe, Hovey & Strange, 2004; Hall, Oleson & Gambetti, 2001; Pelo, 2002)에서는 부모와 학교의 관계를 변화시키는 매개로 기록작업을 중심에 둔다. 기록작업을 통해 부모의 존재를 학급 안에서 가시화시킴과 동시에 학교의 삶을 부모들에게 가시화시키고자 하였다. 특히 레지오 교육에 대한 부모들의 지식과 선호를 살펴본 연구에서는 부모들의 레지오 교육철학에 대한 지식 부족을 변화 부진의 원인으로 지적하면서, '부모와 교사가 협력하여 특정 학급의 부모 욕구에 적합한 방법을 찾아서 부모를 교육시킬 것'(McClow & Gillespie, 1998: 135)을 권하고 있다. 또한 어린이들의 대화 내용을 전사하거나 기록을 남기는 과정에 부모들이 참여함으로써 교사들을 '지원'할 것을 제안한다. 참여의 중요성은 강조되지만, 부모들은 아직 교육의 부차적 존재로 인식되며, 새로운 교육적 시도는 교육자들이 습득하여 시행해야 할 몫으로 간주되고, 학교교육의 효율을 극대화하기 위해서 그 지식을 나누어야 하는 대상으로서 부모의 이미지와 역할을 개념화하고 있다. 즉, 부모의 능동성, '부모참여' 혹은 '동반자로서의 부모'라는 구호들이 이들에게 매우 익숙한 것이었다고는 하나, 그 해석과 실천에 있어서 교사들은, 레지오 페다고지스타의 지적처럼(Cagliari, 재인용, Pelo, 2002), 부모들과 다리를 놓으려(bridges) 하기보다는 경계를 짓고자(boundaries) 해왔던 것으로 보인다.

다른 일련의 시도들(Bersani & Jarjoura, 2002; Fyfe, Hovey & Strange, 2004; Hall, Oleson & Gambetti, 2001; Pelo, 2002)은, 일단 부모들을 학교 혹은 학급 안으로 상징적으로 혹은 물리적으로 끌어들이는 것에 초점을 둔다. 저널 교환하기, 직접 기록작업 체험하기, 정기적 토론모임 갖고 교육적 이슈를 논하기 등, 다양한 차원과 형식의 기록작업을 통해, 함께 어린이 교육에 대한 의미를 공동구성하고자 시도하였다. 특히, 어린이들의 프로젝트 및 일상의 시각자료를 중심으로, 학습과정과 사고에 관해 부모와 함께 이해해 보고 다음의 방향설정을 위한 의견 구하기 등이 새롭게 시도되었다. 부모들의 정체성과 존재가 학교 안에서 가시화되며, 어린이들의 사고 및 의미부여 과정에 대해 '함께 이해해 보는 것', 즉 교육의 동반자적 역할에 초점을 둔다는 것이 이 시도들의 특징이다. 이 경우 학교 혁신에 있어 부모는 부차적인 존재가 아닌 함께 만들어가는 존재라는 이미지 상의 변화를 볼 수 있다.

이 두 번째 시도들과 같은 방향성을 유지하지만 메타적 차원의 시도(Fyfe, Hovey, & Strange, 2004)도 있다. 부모가 기록자로서 어린이와 그들의 작업을 함께 이해하는 것을 넘어서, 어린이들과의 경험을 기록하는 부모를 기록하고 또한 교사와 함께 대화를 통해 기록작업을 되돌이켜 보고자 한다. 이 세 번째 시도는 함께 교육하는 동반자라는 개념이 확장된 것으로, 관계망 안에서 학습자로서의 부모가 학교 상황을 이해하고 의미를 구성해 나가는 과정을 드러내도록 하며 교사는 이 과정을 적극적으로 지원한다. 부모들의 반영적 논평을 패널화하고, 부모참여의 과정을 기록한 것을 어린이들과 함께 돌려보며, 다른 부모들과의 대화의 시작점을 마련하는 등, 부모들은 자신들의 학습과정을 돌이켜보는 진정한 학습공동체의 주체로 참여한다. 즉, 부모참여에 대하여 기능적 관점이 아닌 과정적 관점에서 의미가 적극적으로 부여된 형태이다.

이상에서 살펴본 바와 같이 기록작업과 부모참여라는 개념에 대한 다양한 의미부여와 해석은 계속되고 있다. 이미 선택되고 설정된 방향에 따라 부모들에게 새로운 어린이들의 이미지를 인식시키는 수준이나 어린이들의 학습과정과 교사의 교수과정을 공개하는 수준 이상의 시도들로 확장되고 있다. 부모참여의 효율성을 높이는 일련의 책략들에 중점을 두기보다, 반영적 사고 및 대화를 통해 함께 이해하기에 초점을 두는 경향은 주목할 만하다. 기록작업은 우리에게는 부모참여의 방식과 의미 변화를 찾아볼 수 있는 자료를 제공해 줌과 동시에 부모들에게는 유치원과의 연결을 마련해 주는 끈을 제공해 주며, 어린이들과 부모, 교사들 간의 교류를 확장시켜 하나의 학습공동체를 이루는 데 도움을 준다. 이처럼 기록작업은 여러 차원에서 반복 실행될 수 있는 절차적 책략을 제공해 준다는 점으로 인해 교육 현장에서 교육의 질적 향상을 위한 무한한 가능성을 열고 있는 것으로 보인다. 자신의 학습과정에 대해 의식하는 유능한 학습자가 학습공동체 형성에 기여할 수 있다면, 부모들 역시 학습공동체를 형성하는 하나의 학습자로서 어린이들의 학습 과정을 기록하고 다른 부모나 교사와의 토론에 참여하며 그 기록을 돌이켜보는 경험은 보다 나은 교육으로의 변화를 꾀하는 데 있어 새로운 통찰을 던져 줄 것이다.

CHAPTER 3

우리의 기획

1. 기획의 맥락과 내용

우리나라에서도 최근 15년 동안 레지오에 영향을 받아 자기 변혁을 이루고자 노력을 기울이는 유치원들이 점차 늘어가고 있다. 이러한 노력은 사립유치원이 중심이 되고 있으며 기관장 주도인 경우가 대부분이다. 이들 중 수도권 지역의 4개 유치원은 2003년 협력체(collaborative)를 결성하고 서로 간에 '협력유치원'이라 명명하며 정기/비정기적인 만남을 통해 서로를 지원하고 아이디어를 공유하고 뉴스레터를 발간하는 등 상호발전의 계기를 마련하고 있다. 이 4개 기관에 대해 우리의 기획에 대한 참여 의사를 타진하였다. 그 중 2개 유치원은 기관장 주도 하에 레지오 교육을 지향하고 있었으나, 기존의 교사들이 자신들의 유치원 교육에 대한 자부심과 확신에 따라 레지오 교육을 기관 전체 뜻으로 전면 받아들이고 있는 상태는 아니었다. 기관장들은 자신에게 표면적으로 잘 드러내지는 않으나 이면에 작용하고 있는 이러한 일종의 저항에 가까운 의사를 존중하는 한편 구성원들의 의사에 반하는 직접적이고 성급한 개입에는 조심스러운 입장이었다. 교사들의 확신이 부족한 상태에서 레지오 교육을 논하기 위한 부모들과의 공개적인 만남은 시기상조로 여겨졌다. 유치원 내부 구성원들의 충분한 합의 없이 우리의 기획에 참여하는 것이 오히려 또 다른 한 차원의 진통을 초래할 수 있다는 판단으로 기관장 스스로가 불참 의사를 전해 왔다.

나머지 두 개의 유치원인 하늘유치원과 바다유치원이 우리의 기획에 적극적으로 참여 의사를 보였다. 하늘유치원은 그 이전까지의 레지오 적용의 역사 속에서 부모와의 동반자적 관계 형성이 자신들의 중대한 과제의 중심으로 이제 부상하게 되었기 때문이라고 그 이유를 밝혔다. 바다유치원은 전면적이고 집중적으로 단행하고 있었던 내부 유치원개혁에 한층 더 박차를 가하고자 하는 바람과 이를 깊이 지원해 왔던 자문가(오문자 선생)에 대한 두터운 신뢰에서 참여의 의미를 찾고 있었다. 하늘유치원과 바다유치원 두 곳 모두에서 우리의 기획에 대한 열정적인 참여를 주도한 것은 주로 유치원 소유자인 원장과 레지오 정신에 깊이 심취된 몇몇 교사들이었다.

연구자들 중 오문자 선생은 이 협력체의 교육자문을 2002년부터 지속적으로 맡아 왔었다. 오선생은 자문은 발현적 교육과정(emergent curriculum, Jones & Nimmo, 1994)과 프로제따찌오네(progettazione, Rinaldi, 2001/2005)를 중심으로 하는 교육과정을 운영하도록 지원하며 유치원의 초기 변화를 이끌어 갔다. 당시에 대부분의 유아교사들은 선(先) 계획된 고정적 교육과정을 어린이 교육을 위한 '올바른' 방법으로 알고 있는 시점이었다. 해당 기관에서 유능한 교사로 인정받던 교사들의 집단적 저항만이 아니라, 생소하기만 한 레지오의 어린이와 어린이 교육에 대한 난해함과 불확실함에 따른 자신감 결여나 사고의 인식론적 전환의 어려움이 있었으며, 그 어려움들은 쉽게 풀리지 않은 상태로 자문은 계속되었고 변화에 대한 시도도 계속되었다. 유치원들은 각각 다른 어려움들을 안고 있었고 개혁의 방식이나 속도에 있어서도 차이를 보였지만 점차 새로운 변화를 각 기관의 방식으로 만들어가고 있었다.

이 유치원들의 학교개혁(school reform)에 있어 부모와의 공동체적 관계 형성의 중요성을 촉발시킨 중요한 계기 중의 하나는 2002년 1월 연구진과 협력유치원 교사와 원장들의 미국 St. Louis 지역의 협력체 방문이었다. 레지오 교육에 영향을 받은 St. Louis 지역의 협력체에서는 2년여에 걸쳐 부모를 학교에 참여시키기 위한 다각적인 시도와 연구가에 의해 걸쳐졌고, 우리는 방문 기간 동안 이 과정과 결과를 관찰할 수 있었다. 이 방문은 핵심 교사들로 하여금 용기와 확신을 갖게 한다. 방문 기간과 같은 해, 공동 연구자인 김희연 선생이 4개 유치원의 협력체를 중심으로 레지오 도입에 대한 부모의 반응을 분석하는 연구(김희연, 2003)를 진행한 것과 관련되어 있다. 연구 결과에 나타난 유치원 공개 정도와 부모 만족도 간의 역상관에도 불구하고 그러한 우리나라의 현실을 돌파하는 부모참여에 대한 관점의 전환을 강조하게 된다. 이 움직임에 따라 정선아 선생도 같은 해, 지역사회에서 학교개혁에 앞장서고자 했던 하늘유치원으로부터 교육자문을 의뢰받았다. 오선생과 더불어 자문에 임하면서 정선생은 어린이들의 활동과 교사의 지원에 대한 교육적 의미를 학문적 지식과 연결시키는 것을 자문의 초점으로 두고 있었다. 이러한 제반 요소는 2002년도를 마무리하면서 2003년도의 학교개혁의 주안점이 부모와의 협력이 되어야 한다는 잠정적 합의를 낳게 하였다.

세 명의 연구진은 2003학년도 3월부터 12월까지 약 1년 동안 참여 의사를 밝힌 두 곳의 유치원과 부모참여에 대한 공동연구를 진행하기로 하고, 정선생과 김선생이 하늘유치원과 바다유치원의 연구자료 수집을 각각 담당하기로 하였다. 연구진 각자의 유치원과의 개인적 관계, 각 유치원의 당면 문제, 시기를 포함하여 유치원의 부모참여 수업 방식에 대한 의사결정과 운영에 따라 연구진의 적극적 실행 개입과 참여관찰의 정도에는 차이가 있었다. 전반적으로 볼 때, 실행 개입에 있어서는 오선생과 정선생의 비중이 컸으며, 연구방법에 있어서 연구 초기는 연구진이 적극적으로 개입했던 데 비해 중반 이후에는 참여관찰이 중심이 되었다. 기록작업을 매개로 한 부모참여 과정에 개입함에 있어 우리는 '교육적 기록작업'(pedagogical documentation, Dahlberg, Moss, & Pence, 1999)이라 불리는 개념에서 파생된 몇 가지 전략을 제안하였다. 가정-유치원 간 저널쓰기, 어린이들의 프로젝트 기록자료 공유하기, 교실에서의 기록작업에 부모참여시키기, 부모-교사 협의 모임 기록작업

분석 등의 다양한 형태의 전략을 도입할 수 있다는 것을 제안하고 설명하였다. 이 전략들은 어린이들의 학습이 가시화(making learning visible)됨으로써 부모가 어린이, 교사, 그리고 유치원에 대한 이해를 높이고 유치원과 부모가 협력적 관계로 진입하는 파트너십을 구축하는 데 긍정적으로 작용할 것이라는 기대에 입각해 있었다. 환경조건과 구성원들의 의사에 따라 각 유치원은 이 전략들 가운데 1~2개를 선택하는 것으로 일단 연구를 시작하였고 그 이후의 선택은 연구의 진행과 더불어 유치원과의 협의로 결정되었다.

우리는 모든 부모참여 수업과 부모모임을 비디오로 녹화하고 관찰하였으며, 그 과정에서 때로는 원장, 교사, 부모의 요구로 부모협력모임이나 부모간담회에서의 대화에 직접 참여하였다. 필요에 따라 원장, 교사, 부모와 개별적/집단적으로 면담을 실시하고 녹취하였으며, 홈페이지 자유게시판에서의 의견과 토론과정을 관찰하고 때로는 토론에 참여하였다. 이 과정에서 부모참여 수업 전사록, 부모 모임/간담회 전사록, 집단/개인 면담 전사록, 각 유치원 홈페이지 및 레지오연구회 홈페이지의 자유게시판 온라인 자료 복사본, 연구자 관찰일지, 연구자 연구일지/저널, 연구자 간 회의 자료, 각 유치원의 오리엔테이션 자료와 가정통신문, 부모참여 수업 및 부모모임 관련 부모 활동지 및 소감지를 포함하는 부모참여 관련 문서화된 자료를 수집하였다.

연구진은 연구기획(2003년 1월부터 2월)과 자료수집(2003년 3월부터 12월) 대상 시기에 자료수집과 더불어 비공식적인 전화 또는 이메일 상의 의견교환 이외에 한 달에 1~2회의 면대면 모임을 가졌다. 전사된 자료를 읽고 관찰한 내용에 대해 토론하고 이를 바탕으로 서로의 해석을 확장시키고 다음 관찰/실행의 방향을 찾는 것이 주된 내용이 되었다. 2004년도 1년간은 김희연 선생과 정선아 선생을 중심으로 수집된 자료와 연구진 모임 자료를 바탕으로 반복적 읽기를 거듭하면서 범주화를 위한 개방적 약호화(open coding)와 범주들을 연결시키는 중축 약호화(axial coding)를 하면서 자료 분석과 해석의 확장을 진행시켰다. 그 후 선택적 약호화(selective coding)를 통해 현상을 포괄하는 매트릭스를 구성하여 김희연 선생과 정선아 선생이 각각 2~7쪽의 원시 초고를 쓰고 이를 기초로 핵심적인 골격의 내용을 발전시켜 갔다. 2005년도 초에는 그동안의 자료 분석 결과에 대한 협의를 바탕으로 1차 원고를 완성하였다. 1차 원고는 동료조언(peer debriefing)을 거치기 위해 3월에 교육인류학회 월례회에서 발표되었다. 발표에 대한 피드백을 참고하여 다시 연구진 협의를 거쳐 전체구조의 틀을 보완하고 수집된 자료와 문헌 검토를 보완하는 텍스트를 첨가, 수정하여 2차 원고를 완성하였다. 내부구성원 협의(member checking) 및 동료조언을 위해 2차 원고는 다시 7월에 레지오교육협회 국제학술대회에서 발표되었다. 발표 직후 유치원측의 적극적인 피드백을 바탕으로 내용 기술과 해석에 대해 협의한 후 큰 폭의 조정이 이루어졌고 최종 원고를 마무리하였다.

2. 하늘유치원

1984년에 설립된 하늘유치원은 9개 학급에 20명의 교사(학급교사 18명, 원감, 과학교사)를 두고 있다. 1996년 원장이 레지오를 직접 방문한 이래, 바로 유치원을 레지오 교육에 입각하여 변화시키고자 노력해 왔다. 원장은 자발적으로 유치원 교육의 변화를 위해 레지오 교육의 전문가나 교수들로부터 자문을 구하고, 교사들을 레지오 교육과 관련된 다양한 외부 연수에 참여하도록 하였고, 동시에 유치원 내에서는 정규적인 교사회의를 활성화시켜 교사들이 자신들의 실천을 다른 교사와 나누면서 레지오 교육에 대한 이해를 높이고 레지오 교육이라는 배를 순항시키기 위한 키를 잡는 토론과 배움의 장을 열었다. 원장은 레지오 교육의 적용 초기를 회상하면서 "그때, 우리 유치원은 아주 잘 되고 있었죠. 근데 유치원에 대한 열정도 없어져 가고 질 높은 교육에 대한 노력도 뜸해지던 참이었어요. 딱 그때 레지오를 알게 된 거예요."라며 종종 유치원 교육은 물론 원장으로서 변혁이 필요한 시점이었음을 강조한다. 레지오 교육의 변혁적 성격과 유치원 운영자로서 교육의 변화를 모색하고자 했던 자신의 욕구가 레지오 교육을 통해 물꼬를 틀 수 있었다고 한다.

유치원 운영자로서 하늘유치원 원장은 레지오 교육을 적용하는 과정에서 나름대로의 변화의 방법을 고안하였다. 그 예로 아홉 반 가운데 네 반은 레지오 교육을 적용하고, 나머지 다섯 반에서는 국가수준의 5차 유치원 교육과정을 적용하는 것을 부모들에게 알리고 부모들로 하여금 원하는 교육을 선택하도록 하였다. 레지오 교육을 적용하는 교실에는 2교사제를 도입하였고 그 결과 유치원의 교육비가 인상되어야 하였으므로, 부모들에게 교육의 선택권을 넘겨 주어 원장의 의지대로 레지오 교육을 일방적으로 적용하기 보다는 수요자로서 부모의 의사선택권을 고려한 결정안이었다. 그러나 부모들이 어떠한 선택을 하게 될지를 예측하기 어려웠으므로 원장으로서 레지오 교육의 적용은 모험적인 시도였다고 한다.

그러나 원장의 우려와는 달리 부모들의 레지오 교실에 대한 요구가 증가하면서 모든 교실로 레지오 교육을 확대하였지만 이러한 학교개혁은 또 다른 어려움을 낳았다. 레지오 교육의 적용은 기존의 기초 학습기술 훈련과 영어, 미술, 음악 등의 특별활동이 좋은 교육이라는 지향점을 향해가는 장애물로 인식되었고 이 모든 활동은 정규 일과운영에서 사라졌다. 이에 부모들은 이러한 기초 학습기술 훈련과 특별활동의 중단은 어린이들의 초등학교 진학 준비에 지장을 초래할 수 있다는 큰 우려를 보이기도 하였다. 또한 교사들은 원장에 의해 레지오 교육을 적용하도록 강요받았다고 느끼고 있었고, 실제로 원장의 이상에 동의하지 않는 교사들은 유치원을 떠날 수밖에 없었다. 레지오에 관심을 갖고 변화에 대한 강렬한 열망으로 가득 찬 새로운 그룹의 교사들로 교체되면서 유치원 분위기는 큰 변화를 일으켰다. 원장의 설명에 의하면, 이 시점부터 질 높은 교육을 위한 유치원으로의 변신이 원장만의 목표가 아닌 하늘유치원의 모든 구성원의 공동 목표가 되었다고 한다. 2002년에는 대대적인 유치원 환경 리모델링 공사가 진행되고, 과학교육을 전공한 원장의 아들이 과학교사로 합류하였다. 원장은 소비자로서 부모의 요구는 맞춰 줘야 한다는 입장으로 부모를 바라보고 있었지만 어머니의 유치원 운영 방식에 대한 비판적 의견 개진에 적극적이었던 과학교사는, 레지오 교육의 적용은 부모의 유치원 교육에의 적극적인 준비, 즉 유치원개혁은 좋은 교육에 대해 함께 토론하는 분위기가 만들어질 때 가능하다고 강하게 주장하였다. 즉, 유치원 교육에 부모가 적극적으로 참여함으로써 유치원의 개혁이 가능하다고 보았던 아들의 의견을 어머니가 적극 수용하게 된다.

이러한 이유에서 기록작업을 매개로 한 유치원과 부모의 파트너십 형성을 모색하는 우리의 기획은 유치원 측에서 환영받았고 적극적으로 우리의 연구에 협조하게 되었다. 연구진과 원장의 기획에 따라 시작된 부모참여 모임은 2003년 1학기 중에는 매월 1회씩(총 4회) 각 반의 교사와 부모가 함께 모여 매달 어린이들의 삶이 교실에서 어떻게 이루어지고 있는지에 대한 교사의 기록작업을 부모와 공유하는 방식으로 진행되었다. 부모 모임을 준비하는 과정에서 각 반 교사들(1교실 2교사제)은 어떤 내용을 부모들에게 전달할 것인지를 결정하였고 그 방식은 각 반 교사의 선택으로 이루어졌다. 부모모임에서 교사들의 발표는 어린이들이 어떠한 의미 있는 학습을 시도하고 있으며, 교사는 어린이들의 작업에 어떠한 교육적 의미를 부여하고 있는지, 현재 어린이들의 가설은 무엇이며, 교사는 이를 어떻게 지원하고자 하는지, 그리고 교사의 고민 등의 내용을 중심으로 이루어졌다. 교사들의 발표에 이어 교사, 원장, 부모, 그리고 정선아 선생이 함께하는 토론이 2시간여에 걸쳐 진행되었다. 매회 10명에서 15명의 부모가 참석하였다.

2학기 부모참여 모임 역시 매달 한 번씩 총 3회가 이루어졌다. 연구진은 2학기 첫 번째 부모참여 모임(10월 초)이 시작되기 전에 1학기 부모참여 관찰 전사자료를 원장과 교사들에게 읽도록 하였다. 그 결과 교사의 발표 방식과 원장의 개입 방식에 대한 논의가 비공식적으로 유치원 내에서 이루어졌다. 원장은 부모참여에서 자신의 말이 너무 많다고 느꼈고 교사들은 자신들의 발표가 너무 일방적인 전달이어서 부모와의 교류가 일어나기 어렵다는 것을 스스로 지적하였다. 2학기 부모참여 모임에서 원장과 교사는 자신들의 이러한 반성을 반영하고자 하였다. 원장은 자신의 의견을 부모에게 주기보다는 부모의 의견을 물어보려고 노력하였고, 교사들 역시 자신들의 수업을 설명하기보다는 이야기를 통해 풀어가면서 부모참여 모임의 변화를 주도하였다. 또한 원장은 부모참여 모임을 1학기의 형식은 유지하면서 지역사회의 참여로 확대하기 위한 계획을 세웠다. 원장과 교사는 유치원이 위치하고 있는 지역의 상징인 '살아있는 공원[1]'을 2학기 프로젝트의 주제로 선정하게 되었고 전체 교실에서 '살아있는 공원' 프로젝트가 실시되었다. 유치원의 어린이, 부모, 지역사회가 상징적으로 하나의 유기체로 연결될 수 있도록 하는 계획이었다. 이를 진행하기 전에 부모들의 이러한 계획에 대한 이해와 관심을 높이기 위하여 부모들의 공원에 대한 생각과 의견을 설문조사를 통해 알아보았고, 설문조사의 결과는 각 교실의 프로젝트 진행에 반영되었다. 학기말에는 '살아있는 공원' 프로젝트 기록작업을 지역사회주민과 나누기 위한 전시회를 '살아있는 공원'에서 개최하였다. '살아있는 공원' 전시회는 주최자로서 하늘유치원을 드러내지 않고[2] 어린이들의 학습만이 드러나 있는 기록작업이 전시되었다. 전시회는 공원을 방문한 지역주민에게 개방되어 유치원 교육이 지역사회에 가시화되기에 이르렀다.

2004년 원아모집이 시작되자마자 예년과 다름없이 대기자를 남

1) 하늘유치원 어린이들이 이 공원에 대한 프로젝트를 진행하면서 어린이들이 공원에 대한 궁금증 중의 하나가 "살아있는가?"에 대한 것이어서 이를 상징적으로 이용하여 붙인 이름이다.

2) 전시회를 위하여 공원의 공간을 대여하는 조건이, 유치원을 선전하는 것이 되지 말아야 한다는 공원 측의 요구로 유치원의 이름을 전시물에 넣지 않았다.

기며, 원아모집을 성공적으로 마치게 되었다. 원장과 교사 모두 부모참여 모임을 통해 부모들의 도전으로 어려움은 겪었지만 원아모집 성공을 부모참여 모임의 의미로 받아들였다. 하늘유치원의 부모참여는 교실에서 어린이의 생활을 가시화하기 위한 차원에서 시작되었으나, 점차 교육과정 운영에의 부모들의 참여와 유치원 교육을 지역사회와 공유하는 방식으로 확대되어 갔다.

3. 바다유치원

1995년 수도권 신도시 개발과 더불어 설립된 8학급 규모의 바다유치원은 18명의 교사(학급 교사 16명, 원감, 연구교사)를 두고 있다. 2000년부터 역시 레지오를 직접 방문한 원장의 주도 하에 유치원 교육의 전면적인 재조정을 시도해 왔다. 유아교육 30년 경력의 원장은 협력유치원들과의 교류 가운데 지역사회에서의 위상 제고와 더불어 우리나라 유아교육 개혁의 선도적 역할에 대한 확신에 차 있었고, 미술 전공자로서의 예술적 통찰과 30년 유아교육 종사자로서의 교육적 영감이 레지오 도입의 배경이 되었다.

기존에 근무하던 교사들 중 일부는 이 변화에 거부하는 반응을 보이기도 하였으나 원장의 강력한 주도력과 관심을 갖고 찾아오는 교사들이 생겨남으로써 레지오 교육 도입 2년을 기점으로 대대적인 교사 교체가 이루어졌다. 새로운 교사모집에 있어, 레지오 교육을 적용하고자 하는 의사와 지식이 가장 중시되었고, 동시에 외부 자문, 교사 연수, 교사회의가 활성화되었다. 바다유치원의 교육개혁과정에서 1차적으로 초점을 둔 부분은 하늘유치원과 마찬가지로 교육과정과 환경이었다. 선 계획된 고정된 활동 중심의 교육과정을 유보하고 어린이의 흥미와 교육적 의미에 대한 교사의 판단에 입각한 소그룹 프로젝트 전략이 모든 교실에서 시도되었다. 밝고 상호교류가 고무되는 환경으로의 전환을 위해 외부 자연환경과 유리벽으로 접하는 두 곳의 아뜰리에 공사가 마무리되었고, 기성품 교구보다는 자연물과 재활용품이 주된 재료로 구비되었다. 미술 전공 원장의 미적 감각과 헌신적 노력은 아름다운 유치원, 가보고 싶은 바다유치원 아뜰리에, 창의적인 재활용품의 수집과 구입 등으로 유아교육계의 입소문을 타기 시작하였다. 지역사회와의 연계를 위한 2차적인 노력도 이어졌다. 신도시의 아파트문화라는 특성 상 지역사회 구성원들 간의 끈끈한 상호교류가 있는 것은 아니지만, 인근 초등학교로부터의 관심, 유초연계에 대한 부모들의 관심은 바다유치원으로 하여금 인근 초등학교와의 협력적 관계를 발전시키는 계기를 마련하는 거점으로 자리 잡아가고 있었다.

바다유치원에서도 학교개혁의 어려움은 뒤따랐다. 업무의 특성과 밀도를 견디지 못한 교사들의 반작용은 컸다. 교사 내부의 변화 의지가 아닌 외부로부터, 즉 원장으로부터 요구받는 변화에 대해 교사들은 쉽게 따라오지 않았다. 자신이 알고 있고 익숙한 것을 유지하고자 하는 심리, 또 때로는 변화하고자 해도 무엇을 어떻게 해야 하는지에 대한 막막함과 난해함으로 매년 반 이상씩 이직하여 2003년에는 대부분이 새로운 교사로 교체되었다. 특히 단기간에 학교개혁을 급진적으로 도모하는 과정에서 부모는 입학 전과 입학 초의 '교육'과 '합의'의 대상으로 인식되고 있었다. 입학희망자를 대상으로 부모들은 입학 전 매주 1회씩 4차에 걸쳐 유치원 공개와 오리엔테이션의 기회를 제공받았다. 유치원 측에서는 이 과정을 통해 유치원의 교육방향에 동참하고자 하는 부모들이 모이기를 바라고 있었으며, 교육의 질을 제고하기 위한 부모들의 협조를 강조하였다. 예를 들어 원활한 교육과정 운영을 위해 부모들에게 가급적 유치원 방문을 자제하도록 권고하기도 하였다. 그러나 입학 전에는 유치원의 교육방향에 대한 이해와 전폭적인 지지를 나타냈던 부모들도 막상 입학하게 되면 '내 아이', '내 아이의 우월성', '내 아이의 피해' 등으로 집결되는 평가적 태도를 갖는 경향이 있었다. 이러한 부모들의 입장에 대해 유치원이 무관심하거나 부차적인 문제로 치부한 것은 아니었지만, 학교개혁과 관련된 교사들의 업무 부담과 교육의 질에 대한 자신감을 주된 이유로, 학기 중의 학교개혁의 핵심으로 반영되지는 못하고 있었다.

그러나 지역사회에서의 바다유치원에 대한 지명도 및 관심의 급상승과 더불어 레지오 교육이라는 유치원 특성에 대한 부모들의 관심은 증폭되고 있었다. 게다가 유치원이 '교육'을 중심으로 한 학교개혁에 임하면서 더해진 전문가의 자문과 협력체 유치원들 간의 정보교류는 2003년도 1학기를 기점으로 교육적 개혁의 또 다른 결단을 향하게 된다. 원장 및 핵심교사들은 유치원과의 동반자적 관계를 성숙시켜나가는 부모들의 자생적 모임의 필요성과 유치원학습을 부모들과 공유할 필요성을 중요하게 생각하기 시작하고 있었다. 레지오 교육에서의 부모참여의 역사와 특성, 그리고 그 중요성을 잘 알고는 있었지만 교사들의 확신의 부족과 합의의 어려움으로 '여태 신경 쓰지 못하고 있었던 부분'에 대해 이제는 한 발짝 나아가야 한다는 생각으로 또 다시 과감한 도전을 하고자 하였다.

이러한 이유에서 기록작업을 매개로 한 유치원과 부모의 파트너십 형성을 모색하는 우리의 기획은 유치원 측에서 환영받았고 적극적인 연구 협조를 받게 되었다. 2003년 1학기에는 4세와 5세 반을 중심으로 교실의 일상에서의 기록작업에 부모를 초대하는 것으로 부모참여 전략을 선택하고 참여수업이 기획되었다. 연구교사로 참여하고 있었던 원장의 딸이 이 과정에 적극적으로 개입하였다. 연구교사가 먼저 어린이들의 행동과 대화의 기록 방법에 대해 간략하게 설명하였고, 그 후 부모는 종이 2장(교실 관찰지와 하루소감일지)을 받아 1일 기록작업 담당자로서 교사가 해왔던 기록작업을 해보는 방식이었다. 부모참여 수업 후 1주일 이내에 가진 부모 협의모임에서는 주로 레지오 교육에 대한 질문과 교육과정의 적절성에 대한 우려와 관련된 질문들과 이에 대한 교사와 원장의 설명이 주를 이루었다. 추후 연구진은 바다유치원의 요청과 부모참여 수업 후 일어난 일련의 추수 사건에 대한 연구진의 우려에 의해 부모들에 의해 작성된 기록지를 분석하여 몇 가지 주제를 다시 추출한 교사의 기록작업을 소재로 하여 기록작업의 의미 및 교사의 전문성에 대해 설명하고 논의하는 교사·부모 협의모임을 가졌다. 부모와 원장은 매우 만족스러운 반응을 보였고 원장의 유치원에 대한 신뢰 호소가 강하게 부각되었으나 연구진은 사립유치원에서의 이 협의방식과 결과에 대한 윤리적 딜레마를 제기하기도 하였다. 장소의 제한으로 연령별 협의모임을 가졌고, 매회 해당 연령 담임교사들과 8명에서 14명의 부모가 참여하였다.

2학기에는 교실 내 영역별 활동, 개별 어린이의 활동, 프로젝트 활동 비디오 자료를 편집하여 발표하고 이에 대해 교사와 부모가 함께 협의해 가는 방법이 선택되었다. 각 반별로 교실의 각 영역에서 활동하는 어린이들의 모습이 비디오로 편집되어 공개되었다. 교사들은 장면의 중요한 맥락을 설명하면서 진행했고 부모들은 이를 지켜보았다. '내 아이의 유치원 생활'에 대한 궁금증으로 촉각을 세우는 부모들의 반응에 따라 각 반의 모든 아이들이 한 번 이상은 비디오의 중심에 놓일 수 있도록 편집하였고, 진행 중인 프로젝트에 따른 추가 자료가 제시되었다. 이 비디오 자료 설명과 관람 후 바로 부모들과 교사와 원장이 참여한 자유토론이 진행되었다. 이 토론에서 원장은 1학기 때와는 달리 부모 의견을 듣는 것의 중요성을 피력하면서 부모들의 발언을 수용하는 방향으로 대화에 참여하였다. 자유토론 후 개별 면담은 1학기 모임에서 여러 활동에의 다양한 경험을 요구하는 부모의 반응에 부응하고자 하는 방향에서 각 반 교사들에 의해 준비되었다. 각 활동 영역에 해당 유아가 얼마나 참여하였는지 다이어그램 형식의 데이터를 작성하여 부모에게 자료로 제시하고 비디오 자료의 맥락과 일상에서의 활동에 대한 통합적 정보를 제시하는 면담이 진행되었다.

2004년 원아모집이 시작되자마자 바다유치원 역시 예년과 같이 대기자를 남기며 원아모집을 성공적으로 마치게 된다. 바다유치원의 부모참여는, 미루어왔던 교실에서의 어린이의 생활 속에서 부모와의 교류를 유치원이 적극적으로 수용하는 차원에서 시작되었으나, 점차 부모의 요구와의 교차점을 찾는 방식으로 노력을 기울였다.

C H A P T E R 4

우리의 관찰과 해석 1

: 부모참여 과정의 단면들

우리는 기록작업을 매개로 한 부모참여 과정에 개입하고 관찰하면서 부모와 유치원이 보이는 행동, 관점, 입장, 성향, 일화 등으로 드러나는 일련의 실제를 해석할 수 있는 몇 가지 주요 렌즈를 포착하려고 노력하였다. 이 렌즈들은 마치 입체물의 단면과도 같은 것이어서 하나의 단면으로 전체를 이해할 수 있는 성격의 것이 아니다. 2차원적으로 파악되는 각 단면으로 구분될 수 있으나 부모참여의 실제는 이 단면들의 얽힘에 의해 구성되는 3차원적 입체로 존재한다. 그리고 이 단면들을 실제의 변화를 통시적으로 이해하기 위한 것이 아니라 부모참여 과정에서 일어나는 다양한 일상의 총체를 횡단적으로 이해하기 위한 것이다. 그러한 의미에서 이 렌즈들을 우리는 '단면'으로 표현하기로 한다. 이 단면들은 엄격한 의미에서 상호배타적일 수 없다. 구분될 수 있는 중요한 측면을 이루는 무엇으로 개념화하려고 했을 뿐 측정 가능한 '변인'이 아니기 때문이다. 따라서 독자들은 두 유치원에서의 부모참여 과정을 이해함에 있어 다섯 개로 감환(減還, reduction)된 변인의 조합으로서가 아니라 다섯 개의 렌즈의 얽힘이 낳는 무정형의 분자들로 접근하기를 바란다.

부모참여 과정의 단면들은 부모와 유치원이라는 두 주체로 구분되어 개념화되었다. 부모와 유치원은 교육을 중심으로 엄연히 다른 입지와 역할을 차지하고 있고, 그렇기에 두 개의 주체로 명명되고 존재한다. 레지오 교육을 계기로 한 학습공동체의 지향이라는 이상이 이 두 주체의 관계를 갑자기 하나의 동질 집단으로 모을 수 있는 것은 아니다. 그러한 의미에서 두 주체의 단면을 각기 독립적으로 살펴보는 것은 하나의 집단이 드러내는 특성을 구체적으로 파악하는 데 도움이 될 것이다. 흔히 교육서비스라는 자본의 수요자와 공급자의 관계로 부모와 유치원(특히 사립 운영의 유아교육기관)의 관계가 도식화되는 경향이 있는 상황에서, 수요 대 공급이라는 맞물림이 아닌 또 다른 차원, 즉 교육적 차원의 맞물림이 이 두 주체들이 보이는 단면들을 통해 어떻게 일어날 수 있는지를 독자들은 주목해 볼 만하다.

1. 부모참여 과정의 부모들

유치원들이 시도한 부모참여 형식과 내용을 통해 부모들은 다양한 모습으로 자신들이 유치원 교육을 어떻게 바라보고 있는지를 드러내게 된다. 그 결과 부모들은 각 유치원 교육에 대한 관점과 자신들의 관심과 요구를 보였고 이러한 반응들은 부모가 유치원과 함께 어린이 교육을 한다는 것이 어떠한 의미인지를 인식해 가는 단면들을 보여주고 있다. 이 단면에는 부모참여를 통해 부모들이 어떻게 교육을 바라보고 자신들을 유치원이라는 교육기관에서의 교육 과정에 위치지울 것인가에 대한 탐색과 갈등의 과정이 드러나고 있다.

1) 궁금한 부모

유치원에 자녀를 보내고 나면 부모들은 내 아이의 생활에 대해 대단히 궁금해한다. 이는 대체로 유치원이 1차 사회화 체제였던 부모-자녀 관계에서 벗어나 최초로 접하게 되는 2차 사회화 체제가 된다는 유아교육의 특징과 관련되어 있다. 내 아이의 경험의 확장에 대한 궁금증을 해소하고 싶어 하지만 자녀의 입을 통해서 확인할 수 있는 것은 개인차가 크며 또한 늘 부분적이다.

> 전 매일 아이가 유치원에서 오면 뭐했냐고 묻거든요. 그런데 우리 애는 잘 말을 안 하는 편이라 맨날 모른데요. 제가 통신문 같은 거에 나온 걸 가지고 이것 저것 생각해 봐서 '너 이거 했니?' 하면 그때서야 '응.' 한마디예요. 답답해 죽겠는데 그렇다고 선생님께 매일같이 전화해서 물어볼 수도 없고… 오늘 와서 보니까 이제 좀 애가 왜 그런 놀이를 했는지 왜 그런 질문을 했는지 조합이 좀 되는 거 같아요.
>
> (바다유치원 부모참여수업, 2003/5/23)

> 자동차 경주에 대해서는 여자아이라서 그런지 별로 관심이 없어요. 블록을 같이 해주고 싶고 자동차 경주도 어떻게 놀아야 하는지 잘 몰랐었는데 이번에 이걸 통해서 참여하지 않지만, 놀아 줄 때는 어떻

게 놀아 줘야 하는지 감이 잡혀요. 지난번에 실뜨기를 할 때도 많이 참여를 안 해도 많이 변한 것 같더라구요.

(하늘유치원 부모협력모임, 2003/5/30)

사실, 유치원 측에서는 아이들의 프로젝트 진행에 대해 패널을 만들어 붙이거나 영역별 저널 등을 비치해서 언제든지 부모가 접근할 수 있도록 지원하고 있다. 그러나 부모들은 선생님의 입을 통해서 확인하고 싶어 하는 경향이 있고, 이 궁금증의 주된 내용은 대개의 경우 매우 개인적이고 소소한 것들이어서 유치원의 공적 기록물을 통해서는 확인되기 어려운 것들이다. 유치원에서의 '내 아이'의 생활에 대해 알고 싶어 하는 또 다른 배경으로는 지역사회에서의 해당 유치원에 대한 지명도의 상승에 입각하여 자녀를 입학시킨 경우가 대부분이기 때문에 그 차별성을 '내 아이'를 통해 확인하고자 하는 욕구가 작용하기도 한다. 동시에 부모들은 지명도 있는 유치원에서의 교육을 알고 이를 가정에서 그대로 적용하여 아이들 교육에 상승효과를 얻고자 하는 의도 역시 포함되어있다. 또한 정형화된 교육과정을 통해 얻을 수 있었던 간접적인 안도감을 가질 수 없기에 유치원에서의 내 아이의 생활이 더더욱 궁금하기만 하다. 실제 모임에서는 부정적인 발언이 많았지만 모임 후기를 써낸 것을 보면 긍정적인 평가가 많았다는 점에 비추어 볼 때도 이 불안감의 정체를 알 수 있다. 부모참여에 있어 기록작업의 매개는 유치원 활동의 전체적 맥락 안에서 궁금하기만 한 내 아이의 생활을 이해하게 하는 중요한 정보를 제공하게 된다.

2) 요구하는 부모

부모들이 유치원의 활동 안으로 초대되고 기록작업을 중심으로 협의하면서 보이는 가장 두드러진 특징은 역시 유치원에 대한 부모 기대와 요구의 표출이었다. 기록작업을 통해 아이의 일상에 대한 정보에 접하게 될 수록 그 요구 사항은 더욱 구체화되었다. 주된 요구 내용으로는 유치원이 교육목표를 구체화시키고 교육목표에의 달성 여부를 확인하는 것(즉, '변한 아이' 확인하기)에서부터 다양한 경험(재료, 주제) 마련하기, 모두 참여하게 하기 등을 들 수 있다. 그 중에서도 가장 빈번한 요구는 내 아이의 '수월성'을 확보해 주는 것으로 집중되었다.

> "프로젝트에 참여한 아이보다 안한 아이들이 더 많은 건가요?"
> "아이들이 끼워 주지 않는다면 어떻게 되는 건가요?"
>
> (바다유치원 부모간담회, 2003/7/14)

> "선생님들이 열심히 관찰한다고 하지만 적어도 한 명 정도는 관찰이 되지 않을 수도 있을 것 같습니다."
>
> (바다유치원 부모간담회, 2003/9/24)

> "겉돌기로 학습하는 아이들은 어떤 배움의 기회가 있을 수 있습니까?"
>
> (바다유치원 부모간담회, 2003/12/4)

"프로젝트 수업에서도 수준차가 있을 텐데, 그런 아이들은 어떻게 지도하나요?"

"내 아이가 관심이 없으니깐 어떻게 하면 그쪽으로 관심을 가지게 할 수 있는지…"

(하늘유치원 부모협력모임, 2003/5/30)

"솔직히 제 아이가 뒤처지지 않을까 걱정이 됩니다."

(하늘유치원 부모협력모임, 2003/10/16)

이와 같이 '처지는 아이들', '뒤에 있는 아이들'에 대한 끊임없는 질문들이 반복되었다. 유치원이 수행하는 교육에 대해 '질문'을 하고 있지만 사실은 '요구'에 다름 아닌 것을 알 수 있다. 이는 '뒤처지면 안 된다'는 부모들의 학습 압박감이 유치원이라는 기관에 대한 강력한 교육적 요구로 자리 잡고 있는 것으로 볼 수 있다. 바다유치원 원장은 "내가 원하는 대로 유치원에서 해 주는지를 보러온 것이라면 다르지만, 레지오 교육을 제대로 실천하고 있는 유치원이냐를 묻는다면 자부심을 가질 수 있다."며 부모의 개인적 요구 발언에 대해 교육적 확신으로 대처하기도 하였다. 때로는 개별 교육기관의 방향이나 교육 성과와는 모순되는 요구도 있기 마련이지만, 기록작업이 매개될 때 부모들은 자신들의 요구에 유치원이 민감히 반응하고 대처하기를 기대하면서 그 요구들을 더욱 구체화시켜 나갔다.

3) 비판하는 부모

부모들이 기록작업을 통해 유치원 안으로 통합되기 시작하면 유치원 교육에 대한 깊이 있는 논쟁을 촉발하기도 한다. 부모에게 유치원 교육을 가시화하기 위한 기록작업을 공개하여 부모와 유치원의 교육에 대한 관점을 공유하려고 시도된 노력이 오히려 부모와 유치원의 관점의 차이를 드러나게 하였고 이는 유치원에 대한 비판으로 이어지게 되었다. 다음은 바다유치원에서의 공개수업 후 홈페이지를 통해서 약 20일 동안 25페이지에 걸쳐 학부모들-교사들-하늘원장 사이에 일어났던 논쟁의 시작이 된 부모(아버지)의 비판 내용이다.

> 안녕하세요? 만 4세 딸을 둔 학부모입니다. 옆에서 아이의 교육에 관심을 갖고 지켜본 결과 나름대로 많은 문제점을 느꼈습니다. 그래서 조언을 얻고자 이렇게 글을 올립니다.
> 1) 만 4세의 아이들에겐 너무 벅찬… 2) … 외적 조건들이 이전의 교육방식보다 훨씬 요구될 터인데… 3) 교사는 단순한 관찰자 정도의 역할만을 하던데요… 4) 프로젝트도 그렇습니다… 다양한 관심이 생길 수 있도록… 5) 아이들 간의 토론과 관심이나 지식의 발전도 그렇습니다… 이외에도 정말로 많은 문제를 발견했는데요. 건의하면 받아들여지지 않더군요. 그래서 하는 말입니다… 내용은 이상적이지만 실천하는 현실과의 괴리에 대해 고민해야 하지 않을까요?
>
> (바다유치원 부모, 2003/7/25)

이 게시물을 시작으로 유치원 측에서 답글을 올렸고, 이에 자기 방어적인 내용이라는, 더 강한 비판적인 반응이 유발되기도 하였다.

> 잘 보았습니다. 조금씩 신중하게 확대하며, 우리의 현실과 결합하면서, 발전시키는… 만들어가는 자세가 필요하다고 봅니다. 그런데, 저의 경우 유치원 원장님이나 교사들은 좀처럼 귀를 열지 않더군요. 자꾸 자신들의 입장만을 설명하려는 태도가 답답하더군요. 틀을 벗어나고자 하면서, 오히려 자신의 틀을 억지로 만드는 격이 아닐까요.
>
> (바다유치원 부모, 2003/7/26)

결국 당사자의 비판의 취지를 발전적인 도전거리로 받아들이면서 논쟁은 종료되었다.

> 제가 글을 올린 것은 불신이나 부정 차원이 아니었습니다. 오해마시기 바랍니다. 다만 약간 화는 나 있었습니다. 말이 길어졌는데요, 저희 아이 때문에 글을 올린 것이 아니라, 레지오 교육방식의 문제점이 이렇게 느껴졌기 때문에 이에 대한 개선의 희망에서 의견을 피력한 것입니다.
>
> (바다유치원 부모, 2003/8/1)

또한 하늘유치원에서도 교육은 교사가 의도를 가지고 목표를 정하여 적극적인 개입과 안내를 해야 한다고 믿고 있는 부모와, 교육은 교사가 어린이를 지속적으로 관찰하면서 어린이의 생각이 발전되어 가도록 해야 한다는 유치원의 입장의 차이는 대립을 낳았다.

> 저희 애는 … 좌회전을 한다든지 우회전을 한다든지 신호가 언제쯤 바뀌고, 언제 가는지 굉장히 빨라요. 그래도 아직까진 자동차의 흐름은 이해 못할 때가 많거든요. 근데 그런 상황에서 자동차 길을 만들고 한다는 게, 제 생각에는 어렵진 않을까 생각이 드네요. 어느 정도 선생님들이 목표라는 걸 정해놓고 그 사이에서 개입이 필요하다고 보거든요? 자료가 딱 있어서 볼 수도 있고 어린이 교통 용어 같은 것을 견학하면서…
>
> (하늘유치원 부모협력모임, 2003/5/30)

부모들의 비판은 발전적으로만 향해 가지는 않는다. 일상에의 짧은 초대 속의 기록작업이라는 부모에게 부과된 또 다른 도전은, 행사성 참관수업이 목적으로 하는 부모의 유치원에 대한 추상적이고 집약된 기대 충족과는 전혀 다른 결과를 가져왔다. 바다유치원에서는 교실에서의 부모들의 기록작업을 시도한 이후, 한 부모가 설명회를 통해 알고 있는 레지오 교육의 장점과는 달리 소극적인 아이에게는 적합하지 않다며 항의 소동을 벌였다. 결국, 그 부모 주변의 다섯 명의 아이들이 동시에 퇴원하였고 이들은 소위 '영어유치원'(보다 정확하게는 영어학원)으로 옮겨갔다. 바다유치원 주변에 영어유치원 네 곳이 경쟁적으로 문을 연 가운데 부모의 '욕구'에 대한 확신에 미치지 못함으로써 오히려 유치원에 대한 불신의 빌미를 주었고, 신뢰에 기반한 교육적 선택부터 외국어 능력이라는 자본 습득의 선택으로 이행하기 위한 과정으로서의 비판이 고개를 들었던 것이다. 그러한 비판은 교육의 장으로 흡수되지 못한 채 멀어짐으로 귀결되었다.

4) 알아가는 부모

부모들 중에는 자녀를 보낸 유치원에서의 기록작업이 매개된 비교적 장기간의 경험을 통해 학습공동체적 삶을 알아 나가고 배워 나가는 모습도 보인다. 이것은 단지 내 아이의 구체적인 일상에 대해, 유치원에서의 잡다한 정보에 대해 '많이' 알아간다기보다는 교육의 본질에 대해 고민하고 교육적 이상을 찾아가고자 하는 삶을, 부모참여의 삶을, 그 안에서의 교사의 삶까지를 알아 나간다는 의미이다. 다음은 부모의 기록물과 교사의 기록물을 비교한 후의 부모의 소감 내용과 연구회 홈페이지에 올라온 부모들의 자기발언이다.

> 저는 선생님들이 이렇게까지 전문적으로 우리 애들을 관찰하시고 해석하시고 계신 줄 정말 몰랐어요. 아까 설명하시는 거 보고 정말 깜짝 놀랐어요. 중요한 순간들을 잘 잡아내서 애들 교육활동을 이어 나가고… 우리 애 4년 키운 전 뭘 써야 할지도 모르겠구 뭐가 중요한 건

지두 모르겠어서 솔직히 애가 만든 거 그린 게 전부였거든요. 선생님들, 많이 연구하시고 고민하신다는 점에 감사하고 신뢰를 보내고 싶습니다.

(바다유치원 부모간담회, 2003/7/14)

저도 레지오를 표방하는 유치원이 부족함이 많은 채로 진행되고 있다는 인상을 갖고 있습니다. 지적하신 문제점은 아마도 부모보다도 많은 선생님들께서 어려움을 느끼고 있는 부분이리라 생각해 봅니다. 그러나 … '되어진' 완결된 상태의 어떤 모양새를 생각하고 평가를 하자면 그리 보시는 걸 뭐라 할 수 없겠지만 '되어가는 노력'의 편에 서고 싶은 마음입니다. 저는 레지오의 방법이 우리로 하여금 우리의 '현실'을 비판과 낙담이 아닌 '실천'으로 만들어가는 시작이 되어 주기를 바라고 있답니다. 아이와 함께 진정 레지오의 방법에서 우리가 찾아내야 할 것은 그러그러한 과정에 의한 지식의 획득, 구성만이 아니라 그것을 통해 우리의 삶에 진정 필요한 속도와 상대적인 것을 인정하고 존중하며 더불어 사는 방법의 배움이 아닐까요? … 물론 저도 무지하게 우려되고 안쓰럽게 여겨지는 부분 중의 하나가 '교사, 선생님'입니다. 선생님들의 노력과 인식이 우리 아이들의 미래를 담보한다고 말씀드리면 선생님들, 부담스러우시겠죠? … 거기에 우리 부모들과 함께 나누는 이상이 없다면 그 어떤 노력도 헛수고가 될 것 같습니다.

(소속 미확인 부모, 홈페이지 게시판, 2003/7/26)

부모들이 부모참여 과정의 유치원 기록작업을 통해 자신의 아이들을 들여다보면서 부모 개인이 바라보는 어린이의 모습이 전부가 아닐 수 있다는 것을 깨달아가고 있었다. 교육은 부모, 어린이, 유치원이 함께해 가는 것에서 그 의미를 찾을 수 있다는 인식에 다가가고 있었다.

> 저는 열심히 들으면서 선생님이 정말 아프게 고민을 많이 하는구나 중간에서 아이들을 대하다 보면 막히는 부분이 많은데 여기 와서 보니깐 어떻게 저렇게 할까? 어떻게 풀어내실까? … 선생님을 보면서 엄마가 반성이 많이 되더라구요. 우리아이가 보이지 않아 안가야지 하면서도 자꾸 오게 되는 게 엄마가 반성하게 되는 것을 얻기 위해서 오게 되는 것 같더라구요.
>
> (하늘유치원 부모협력모임, 2003/10/16)

5) 관계 맺는 부모

기록작업은 부모와 학교의 유기적 관계를 확장시킨다. 이 관계는 유치원에서의 활동을 부모가 알아서 집에서 바로 지원하는 식의 개인적 관계 차원에 머물기도 한다. 그러나 학교 차원의 보다 넓은 사회적인 관계로 확대되는 모습을 보이면서 부모들은 유치원에서의 폭넓은 사회적 관계 맺음 또한 자신들에게서 기대되는 교육적 역할이라고 생각하였다. 예를 들어, 직접적으로는 스스로 유치원의 입장을 대변하며 교육적 신념, 자신의 아이의 사례를 들어 설득하는 부모, 홈페이지를 만들어 주겠다는 부모, 집에서 이게 도움이 된다면 쓰시라고 챙겨 오는 부모, 견학 갈 때 도우미로 돕겠다는 부모에게서 이 관계 맺음을 확인할 수 있으며, 간접적으로는 대화에서의 문제점을 지적하며 대화의 질을 끌어올리는 부모 등에게서 그 관계 맺음을 엿볼 수 있다.

학급별로 학부모들과 담임교사들이 월 1회씩 만나는 하늘유치원의 부모협력모임에서는 교사가 기존의 일방적인 프리젠테이션을 넘어서려고 노력하는 가운데, 많은 경우 형제를 졸업시킨 부모들이 참여하면서 부모들 간의 토론을 스스로 이끌어 가기도 하였다. 형제를 유치원에 보낸 하늘유치원의 부모는 교사가 어린이의 활동을 지원하기 위한 방법 모색을 부모와 나누려고 할 때 적극적으로 자신의 의견을 제시하면서 함께 참여한 부모들이 교사와 함께 고민하고, 다양한 아이디어들을 내놓으면서 설명식 부모참여를 부모와 의견을 나누는 대화의 장으로 부모참여를 변화시키는 역할을 하기도 하였다. 때로는 교사의 어떤 설명보다도 이들의 의견이나 심지어 존재 그 자체가 프리젠테이션의 방향을 조정하게 하고 부모협의를 활성화시키게 된다. 하늘유치원 원장은 "가정과 유치원 사이에는 일종의 벽이 있는 것 같다."고 하면서 "학부모들께서 교육기관에 궁금한 것을 묻고 건의하려고 할 때 느끼시는 묘한 기분을 저희들 또한 이곳의 사이트에 올라오는 요즈음의 글을 읽으면서 느끼게 된다."(2003/11/6)고 토로하기도 하였다. 그러나

이 벽은 유치원과 관계 맺는 부모들에 의해 지원받으면서 쉽게 무너지기도 한다. 부모참여 모임에서 한 부모가 "선생님이 말씀하시는 과정을 이제 귀로 듣고(들으면서), 머리로 상상을 할 수 있다." (하늘유치원, 2003/10/16)며 교사의 프리젠테이션 내용 이상으로 이해하고 있다는 반응을 보였고, 부모의 이러한 반응은 이 날의 부모참여 수업의 성공여부를 가르게 된다. 부모들의 교사들에 대한 적극적인 이해는 기록작업이라는 교사의 지난한 작업에 활력을 불러일으키게 되고 이는 왜 레지오 교육을 하는지에 대한 이유를 교사는 물론 부모도 깨닫도록 하였다.

2. 부모참여 과정의 유치원

유치원이 시도한 기록작업을 매개로 한 부모참여 형식과 내용을 통해 부모들뿐만 아니라 유치원도 다양한 모습으로 자신들이 교육을, 부모를 어떻게 접근하고 바라보고 있는지를 드러내게 되었다. 유치원은 자신들의 교육에 대한 공개와 함께 무의식적으로 가두어 왔던 관점을 표출하게 되고 후면의 문제가 전면으로 나타나고 또 과감한 새로운 활동으로 연계하면서 유치원이 부모와 함께 어린이 교육을 한다는 것이 어떠한 의미인지를 인식해 가는 단면들을 보여주었다. 두 유치원이 좋은 교육을 위해 채택한 부모참여는 예기치 못한 많은 갈등과 변화를 야기하였고 이 과정에서 유치원은 아래와 같은 여러 단면들을 드러내게 된다.

1) 공개하는 학교[3)]

기록작업을 매개로 한 학습공동체의 형성이라는 목표 하에 부모참여를 변화시킨 유치원들은 '어머님들이 원하셨던 유치원에서의 어린이들의 생활에 대한 궁금증'(바다유치원 부모참여수업, 2003/5/23)에 대한 해소 차원에서 어린이의 활동 자료를 공개하였다. 별도로 행사화된 부모참여 수업을 계획하지 않고 어린이들의 일상에 부모를 참여시키는 차원의 공개를 포함하여, 유치원에서 기본적으로 전시하는 자료 이외에 별도의 프리젠테이션 자료를 준비하였다. 하늘유치원 교사들은 프로젝션 TV를 이용하여 교실에서 일어나고 있는 어린이 활동의 전개과정 활동을 소개하였다. 예를 들어 어린이들의 찰흙 탐색과정, 색 탐색 과정 등을 보여주고 앞으로 교사가 어떠한 지원을 하고자 하는지에 대한 의견과 고민, 그리고 이에 대한 부모의 의견을 물어보는 형식으로 프리젠테이션을 진행하였다. 또한 비디오 자료가 활용되었고 비디오 자료

3) 본 연구에서는 '유치원'이라 불리는 교육기관에서 일어나는 현상을 범주화함에 있어 '학교'라는 일반 명사로 개념화하였다. 그 이유는, 첫째로 유치원은 대한민국 정부 수립 후 법적으로 '학교'로서 구분될 수 있는 근거(한국유아교육학회, 2007)가 있고, 둘째로 교육을 목적으로 하는 기관이 대한민국의 '학제' 안에 포함되지 않았다고 해서 학교로 불릴 수 없는 것이 아니며, 셋째로 유·초·중등교육을 관통하는 교육적 논의를 발전시키기 위해서이다.

의 시청 방향을 제시하고 교사는 "이 날은 승연이가 매미를 가지고 갔기 때문에 매미에 대해 답변을 합니다."(바다유치원 부모간담회, 2003/9/22)와 같이 맥락에 대한 이해를 돕는 차원에서 설명해 갔다. 공개할 때의 특징은 도전거리를 던지기보다 일어났던 일상적인 학습의 순간들을 단락단락 간결하고 예쁘고 감동스럽게 펼쳐놓는 나열이 주를 이루었다. 하늘유치원은 공개하는 데에는 이미 익숙해 있었지만, 바다유치원에서는 공개 자체도 매우 모험적인 시도였다. 신입/재원생 부모를 위한 오리엔테이션에서 유치원이 아이들의 활동을 관찰하고 분석하고 협의할 수 있도록 가급적 전화나 방문을 자제해 달라는 내용의 부모의 협조를 강조해 왔던 바다유치원에 대해 "오리엔테이션 때는 오지 말라더니 이제 와도 된다고 하니 좀 망설여지기도 하고…"(부모간담회, 2003/5/30)라는 식으로 내부 변화에 대해 반감과 당혹감을 동반한 부모 반응을 낳기도 하였다. 그럼에도 불구하고 '이제는 신경 못써 왔던 것에 대해 신경 써야 하는'(바다유치원 원장 면담, 2003/7/14) 부담을 유치원이 기꺼이 감당하기로 한 것이다.

2) 설득하는 학교

기록작업을 매개로 한 부모와 유치원과의 대화 과정에서 두드러지게 나타났던 유치원 측의 특징 중의 하나는 유치원의 방향에 대한 설득이었다. 그 설득의 주된 내용은 '레지오 접근법'에 대한 일반론을 피력하는 것이었다. '레지오 교사의 경우는', '레지오 교육은', '레지오 유치원에서는'으로 시작하는 유치원 측의 설명은 부모들의 질문이나 문제제기와 관련한 상호작용이라기보다 일방적인 호소나 설명적 발언으로 많은 부분이 채워졌다. 다른 유치원과의 비교를 통해 그 차별성을 드러내는 방식으로 비교하며 말하거나 유치원을 향해 제기된 문제의 중심을 부모로 되돌릴 때 불편함을 느끼는 부모도 간간히 관찰할 수 있었다.

> 저는 바다유치원이 특별히 좋아서가 아니라 특별히 나쁘지가 않아서 보낸 거예요. 성숙에 의한 자연스런 결과인지, 유치원의 활동이 그 원인인지는 모르는 것 아닌가요? … 왜 굳이 절 설득하시려는 거죠?
>
> (바다유치원 부모간담회, 2005/5/30)

> 제가 안타까운 것은 이겁니다. 유아원과 교사들은 왜 학부모들이 문제가 있다고 보기 때문에, 이의 개선을 위해 건의하는 것들을, 일목에 비레지오적 사고로 간주하고 마느냐는 것입니다. 자꾸 그게 아니라 이거라고만 설명만 하려고 드느냐 이겁니다. 그러는 교사나 원장님들은 정말로 레지오 교육에 대해 제대로 공부를 하시는 겁니까. 아니면 신념만 있는 것입니까.
>
> (바다유치원 부모, 홈페이지 게시판, 2003/7/30)

그러나 유치원 측은 모든 것을 공유하고 설득할 수 없는 현실적

어려움을 내비치며 부모들의 유치원에 대한 '믿음'을 기대하기도 하였다. 더 나아가 레지오 교육이 믿음의 실체로 존재했던 하늘유치원 원장은 교육의 방향을 확실하게 제시하면서 아이들을 끌고 가기를 기대하는 부모에게 "그거는 레지오 교육법이 아니지…"라고 발언하여 오히려 부모가 "레지오 교육법이라는 게 무조건 애들이 원하는 데로 틀려도 그쪽으로 이끌어 가는 건 아니라고 보거든요?"(2003/5/30)라는 비판적 질문을 받기도 하였다.

3) 공감하려는 학교

학교가 기록작업을 통해 어린이들의 학습과정에 대한 자료를 부모와 공유한다는 것은 유치원에서의 어린이들의 활동을 단순히 보여주는 차원이 아니라 연속성과 해석성을 가지고 체계적으로 교류하는 것을 의미한다. 매주 교실의 프로젝트 활동 과정과 결과를 가정으로 보내는 가정통신문의 일종인 '주간 교육 활동 안'(하늘유치원)과 '함께하는 우리 이야기'(바다유치원)가 그 일단을 구성한다. 이것은 유치원에서 가정과의 긴밀한 연계를 위해 실시해 왔던 것으로 기존의 주안과는 달리 '계획'이 아닌 교사의 눈에 의해 구성된 '실제'를 가정에 전달한다. 하늘유치원의 '주간 교육 활동 안'은 연령별로 각 가정에 전달되는데 그 별로 각 연령별 교사들의 협의로 각 교실에서 이루어지고 있는 대그룹, 소그룹 이야기 그리고 반별 공지사항이 담기게 된다. 바다유치원의 '함께하는 우리 이야기'

는 반별로 한 주간의 프로젝트 진행 또는 대그룹의 대화 중심으로 교사의 해석을 덧붙인 내용으로 주말에 가정으로 보내진다.

이러한 공유 활동은 공개와는 달리 상당한 정서적, 인지적 유대를 종종 강하게 동반하기도 한다. 바다유치원의 한 교사는 부모모임에서 "유치원에서의 놀라운 아이들의 활동에 대해 부모님들과 충분히 나누지 못해서 너무도 안타깝습니다."(2003/12/4)라며 울먹였다. 하늘 유치원 교사들 역시 교실에서 어린이들과 함께하고 있는 '짜릿짜릿한' 순간을 부모들과 나누기를 원하고 부모들 역시 이러한 감동을 느끼기를 기대했기 때문에 이를 전할 수 있는 방법을 교사들은 적극적으로 모색하였다. 교사들은 교실의 패널 전시, 영역 저널 전시 등을 매달 새롭게 준비하고 이러한 자신들의 준비가 부모들에게 읽히게 될 때 부모참여 모임의 의미를 실감하게 된다고 하였다. 이렇듯 아이들의 활동에 대해 부모들과 '나눈다'는 것은 부모와 교사가 어린이의 활동 안으로 정서적, 인지적으로 함께 몰입하고자 하는 유치원의 지향을 보여주고 있다. 어린이들의 활동을 성실히 읽고 기록하는 교사는 자신이 듣고 보고 느낀 아이들의 학습 과정에서의 놀라움을 그 아이의 부모와 마음 깊이 온몸으로 많이 나누고 싶어 했다.

4) 힘든 학교

기록작업은 유치원의 반복적이어야 할 일상에 끊임없이 새로운 업무와 질문과 불편함을 만들어 냈다. 부모의 기록작업을 지원하기 위한 자료 준비, 영역과 어린이 개인이 모두 드러나야 하는 비디오 녹화와 편집, 잦은 부모협의 모임의 준비와 참여 등등 하루하루 밀려오는 업무의 양은 정신적, 육체적 긴장을 낳았다. 하늘유치원의 교사들은 부모모임을 준비하기 위하여 여러 단계의 협의를 거쳐야 하였고 이러한 일정은 부모모임을 마칠 때까지 교사들을 긴장하게 하였다. 각 교사들은 부모모임을 위한 학급 자료를 수집하고, 수집한 자료에 대한 프리젠테이션을 연령별로 교사들이 모여서 다른 동료교사들 앞에서 연습하여 질문과 설명의 과정을 거쳤고, 여전히 남은 문제는 교육자문을 받았으며, 마지막으로 이 모든 과정에서 모아진 의견들을 정리하여 부모모임에 제시하였다. 이러한 과정으로 인해 교사들은 한 달에 한 번 있는 부모모임을 위해 대략 3주간의 준비기간을 거쳤다. 어린이의 학습에 대한 해석을 하고 일상을 꾸려나가는 교사들은 그 업무 이외에도 자신의 입과 귀와 눈과 손으로 작업된 일련의 일상의 과정들을 부모에게 다시 재조직하여 보여준다는 것은 다른 차원의 해석과 노력이 필요한 일이었기에 교사들에게는 매우 부담스러운 일이었다. 때문에 2학기 부모모임에서는 이러한 다단계에 걸친 준비과정이 조금씩 생략되어 갔다. 그러나 준비과정은 교사에게 부모모임을 자신 있게 이끌어 갈 수 있도록 하는 원동력으로서 긍정적으로 작용하면서도 긴장의 연속이라는 부담감이 교사들의 불만을 낳고 있었다.

게다가 예전의 참여수업은 부모와 아이의 일대 일 활동 속에서 뭔가 손에 쥐고 갈 것을 만들어 갔기 때문에 문제가 없었는데, 당장 눈앞에 보이는 것에 치중하는 부모들에게 장기적이거나 심층적인 변화를 확인할 수밖에 없거나 또는 확연하게 드러나는 무엇으로 확인할 수조차 없을지도 모르는 새로운 시도를 감행한다는 것은 유치원의 고충을 더해 주었다. 바다유치원에서는 교실 공개 직후에 일어났던 퇴원 사태(영어유치원에로의 이동)로 인해 해당 교실의 담임교사를 중심으로 유치원 전체가 한동안 정서적 침체를 겪게 된다. 이 사건이 특히 인정받는 J선생님 반에서 일어났기 때문에 유치원 전체의 전반적인 사기가 떨어지게 되었다. 원장도 유치원에 오고 싶지 않을 정도로 정서적으로 큰 타격을 받았다고 하였다. 이러한 일들은 3년에 걸쳐 아이들의 변화를 관찰하며 신념을 형성해가는 교사의 긴 여정을 어떻게 지원해 주어야 하는가, 부모들의 의구심 해소를 위해 2년 프로그램으로 승부를 걸어야 하는가와 같은 질문들을 계속적으로 유발함으로써 유치원은 하루하루를 그리고 중요한 시점마다에서 끝도 없이 진통을 겪고 있었다.

5) 교육문화를 싹 틔우는 학교

기록작업은 유치원에서 새로운 질문을, 새로운 해석을, 새로운 활동을 이끌어 갔다. 기록물을 통해 학교는 부모와 대화하면서 익숙한 것에 대해 다시 질문하게 되고 새로운 시각으로 보게 되고, 또한 새로운 문화를 기획하기도 하였다. 바다유치원의 나이 어린 교사들과 신입 교사들은 '무섭기만 했던' 부모들이 자신들의 기록작업에 신뢰와 지원을 보내는 것을 경험하면서 부모에 대한 믿음을 획득하고 교육적 에너지를 충전 받았고, 부모모임에서 부모 간 의견의 상쇄를 지켜보는 가운데 막연한 피해의식과 두려움이 해소되기도 하였다고 한다(바다유치원 교사 면담, 2003/12/5). 뿐만 아니라, 기록작업이 어린이들의 생각과 손을 통해 다양한 매체들의 의미가 재창출되어 가는 과정을 드러냄으로써, 원장은 시간이 날 때마다 흥미로운 자연/재활용 매체들을 수집하러 다니는 등 새로운 교육문화의 씨를 뿌리는 리더로 변신해간다. 부모들은 이러한 모습의 원장을 지켜보며 그 이유를 궁금해하고 공감대를 형성하며 유치원과 함께 재활용품에 대한 새로운 안목을 가진 수집가로 변모하기도 한다. 어린이들의 교육적 매체에 대한 새로운 이해가 유치원을 중심으로 창출되어 지역사회에 뿌려지고, 재활용품이 집중 처리되는 아파트 환경에 힘입어 부모들의 새로운 문화로 이어지고 있는 것이다.

또한 이 기록작업의 기능을 확대 발전시켜 지역사회 구성원들과 공유하고자 했던 전시회 개최는 바로 교육문화 발아의 장으로서의 학교의 또 다른 가능성을 보여준다. 하늘유치원은 부모참여를 통해 유치원이라는 물리적 공간에서 부모에게 유치원의 이야기를 나누어 공동체 의식을 만들어 보겠다는 의도에서, 부모는 지역사회 그 자체이고 부모와 유치원의 관계 맺기는 새로운 교육문화의 창조를 가능하게 할 수 있을 것이라는 기대를 점차 하게 된다. 그 기대는 부모, 유치원 그리고 어린이가 지역사회의 한 공간(하늘공원)에서 어떻게 관련 맺을 수 있는지에 대한 가능성의 시험으로 이어졌다. 하늘공원 프로젝트는 부모가 아이들과 함께 공원에 가는 것에서 시작하여, 교사와 부모들이 함께 하늘공원에서 교육적 탐색을 하고, 마지막으로 하늘공원 프로젝트의 기록작업을 바탕으로 한 패널 전시를 하늘공원에서 하기에 이른다. 하늘공원에서의 전시는 하늘공원을 방문하는 지역주민들에게 그 지역 한 유치원의 어린이들이 이 공원을 어떻게 바라보는지를 보여주었고, 이 조우의 순간에 유치원은 지역 사회 안에 능동적으로 교육적 교류를 이루어냈다. 이러한 프로젝트는 유치원이 '교육을 하는 기관'에서 '교육문화를 발아할 수 있는 기관'으로 변신할 수 있는 가능성을 보여주었다. 이렇듯 교사가 부모를 보는 시각이 달라진다는 것, 학교가 부모와 관계 맺는 방식이 변화한다는 것, 지역사회 안에서 학교가 새로운 시도한다는 것은 학습공동체의 새로운 교육문화가 싹트고 있음을 보여준다.

CHAPTER 5

우리의 관찰과 해석 2

: 부모참여 과정의 변화

Chapter 4에서 우리는 기록작업을 매개로 한 부모참여 과정에 개입하고 관찰하면서 부모와 유치원이 보이는 일련의 실제를 현상의 총체성을 드러내는 데 도움이 되는 렌즈가 되는 단면들로 구분하여 부모와 유치원이라는 두 주체별로 나누어 살펴보았다. 이제 두 유치원이 2개 학기, 약 1년에 걸쳐 변화하는 통시적 흐름을 이해하기 위하여 종단적 분석[4)]을 시도하고자 한다. 시간의 흐름에 따라 어떠한 변화를 겪었는가, 그 변화의 핵심에는 무엇이 작용하고 있었는가, 그 변화가 함의하는 교육적 의미는 무엇인가가 통시적 흐름을 포착하기 위한 질문이 되었다. 1년도 채 안 되는, 비교적 단기간에 일어난 변화였기 때문에 그 양상은 대략적으로 1학기와 2학기로 구분되는 두 덩어리의 현상으로 정리되었다. 그러한 변화를 특징짓는 핵심에는 레지오 교육의 적용이라는 핵심과제가 작용하고 있었기에 레지오 교육에 대한 해석과 접근방식의 차이를 부각시켰다. 나아가 기록작업을 매개로 하는 부모참여라는 새로운 과제가 각 유치원에서 일으킨 교육적 반향을 통해 레지오 교육의 적용의 문제와 부모참여라는 문제에 대한 시사점을 찾고자 노력하였다.

4) 수집된 자료를 횡단적으로 분석한 후 종단적 분석을 시도했기 때문에 인용된 자료에 있어 중복된 부분이 있다.

두 곳의 유치원은 선택한 부모참여 전략에 있어서도 차이가 있었고 변화의 양상 또한 다른 방향으로 흘러갔기 때문에 종단적 이해는 각 유치원으로 구분되어 개념화되었다. 두 곳의 유치원 모두 보람과 성취가 있었고 동시에 진통과 갈등이 있었다. 각 유치원의 선택만이 아니라 그들의 선택과는 관계없는 상황에 의해 특정한 방향으로 흘러갈 수밖에 없었다. 따라서 어느 유치원이 더 낫고 더 못한 것이라는 판단을 내릴 수도 없으며, 그러한 판단을 내리는 것은 매우 위험한 일이다. 또한 여기서 드러난 특정 방향을 유사한 기관들이 겪게 될 단계적 특징으로 이해해서도 안 된다. 장기적인 추이를 담고 있는 것으로나 완결된 결과로 읽지 않도록 유의해야 한다. 종단적으로 볼 때, 주목해 볼 만한 특징을 2003년이라는 시점에서 약 10개월에 거쳐 각 유치원별로 포착해 본 결과 정도로 독자들은 이해하기 바란다. 특히 다양한 교육적 시도들이 프로그램화되어 피상적인 수용을 유행처럼 시도하다가 상품화된 소모품들과도 같이 사라지고 또 수용하고는 반복하는 우리나라 유아교육의 현실에서 레지오 교육이 두 곳의 유치원에서 부모와 더불어 어떻게 해석되고 접근되었는지를 깊이 있게 살펴 성찰의 소재가 되기를 기대한다.

1. 하늘유치원에서의 부모참여 변화 과정

하늘유치원은 어린이들의 삶을 기록한 기록작업을 부모와 공유하는 부모참여 방식을 선택하면서 레지오 교육이 교실에서 어떻게 일어나고 있는지, 레지오 교육을 하는 유치원에서 어린이의 생활은 어떠한지를 보여주고자 하였고, 이는 다른 레지오 협력유치원과 비교하여 볼 때 자신감 있는 시도였다. 어린이들이 교실에서 무엇을 학습하고, 교사는 어린이들의 학습을 어떻게 해석하고 지원하는지를 기록으로 남기는 기록작업을 부모에게 공유한다는 것은 하늘유치원의 교육을 부모에게 공개한다는 것이고 이는 곧 하늘유치원에 대한 부모들의 공개적인 평가에 휘둘리지 않을 것이라는 자신감이자 이러한 평가에 직면하여 현재 자신들의 위치를 점검하고자 하는 과감한 선택이기도 하였다. 따라서 레지오 교육을 적용해온 유치원의 노력이 부모들에게 의미 있게 받아들여질 것이라는 기대감도 있었으나 레지오 교육의 적용 과정이 어린이의 유치원에서 일상을 통해 부모에게 보여질 때 부모들이 어떠한 반응을 보일지에 대해서는 불안감도 동반되었다. 이러한 자신감과 불안감의 근저에는 하늘유치원이 유치원은 어떠한 곳이어야 하는지에 대한 부모와의 협약이 있다. 하늘유치원은 레지오 교육을 적용하는 과정에서 소비자로서 부모들의 자발적인 선택을 허용하였고, 결과적으로 부모가 선택한 교육이었다. 이 과정에서 하늘유치원의 부모는 레지오 교육을 적용하는 유치원에 소리 없는 지원을 보냈다. 부모들은 하늘유치원의 교육 방식에 동의하고 자신의 자녀를 유치원으로 보내면서 후면적 지원자가 되었다. 그러나 유치원과 함께 교육의 주체로서 그 역할과 책임을 다해야 하는 부모참여 모임은 하늘유치원은 물론 부모에게도 새로운 시도이자 도전이었다. 하늘유치원과 부모는 부모참여 모임을 통해 유치원이 어떠한 기관이어야 하며, 어린이를 위한 교육이 무엇이어야 하는지를 함께 대화하면서 방법과 내용을 모색해가는 과정을 경험하면서 교육의 주체로 거듭나고 있었다. 소리 없는 변화가 일어나고 있었다.

1) 하늘유치원의 교육을 파고드는 부모 vs. 레지오라는 정답으로 대응하는 학교: 부모가 알아가야 할 대상이자 곧 하늘유치원 교육의 실제로 전경에 세워진 레지오 교육

하늘유치원을 선택하는 부모들에게 레지오 교육은 여느 유치원들이 내세우는 다양한 교육철학과 방법의 하나였다. 부모들은 하늘유치원이 표방하는 레지오 교육이 무엇을 의미하는지 구체적으로 알지 못하지만 주변의 부모들이 선호하는 유아교육기관이며 어린이가 즐겁게 생활하고 그리고 졸업 후 초등학교에 가서 좋은 아이들이라는 평을 받는 이유 등으로 하늘유치원을 선택하였다. 하늘유치원을 선택한 부모들은 자신들이 레지오 교육의 어떠한 교육내용과 방법을 선호하는지 잘 알지는 못하지만 선택한 이상 레지오 교육을 적용하는 하늘유치원의 교육철학과 방법에 동의하는 것으로 스스로 간주하고 있었다. 유치원의 입장에서도 부모들이 하늘유치원을 선택한다는 것은 레지오 교육을 표방하는 유치원의 교육철학과 방법에 합의하는 것이었고, 부모들이 레지오 교육이 구체적으로 무엇을 의미하는지 잘 모른다 하더라도 레지오 교육에 동의하고 있다는 생각이었다. 하늘유치원과 부모 모두 구체적으로 레지오 교육의 무엇, 또는 하늘유치원의 교육의 무엇에 동의하고 있는지를 확인하고 있던 것은 아니지만, 하늘유치원이라는 지붕 아래에 함께 서 있다는 것으로 레지오 교육이라는 하나의 동일한 지식체에 가까이 다가가고 있다고 생각하고 있었다. 그러나 다양한 요구가 있는 부모들을 하늘유치원이라는 교육 공간이 레지오 교육이라는 끈으로 모아 놓고는 있지만 하늘유치원의 교육철학과 방식에 대한 그들의 이해 방식에는 차이가 있을 수밖에 없었다. 부모들은 어린이에게 질 높은 교육을 제공하고자 레지오 교육을 적용하는 유치원에 자녀 교육을 믿고 맡긴다는 후면적인 지원을 하고 있었다. 부모들은 레지오 교육을 적용하는 유치원을 선택하였으므로 어린이의 뒤에서 혹은 유치원 밖에서 지켜봐주는 것으로 부모가 할 수 있는 가장 적절하고 적극적인 지원이라고 생각하고 있었다. 어린이의 학습과정의 일부로 능동적으로 참여하는 것과는 거리가 있었다.

이러한 가운데 매년 새롭게 하늘유치원에 모여드는 부모들은 레지오 교육을 적용하는 하늘유치원의 철학과 방법에 일단 동의부터 하였지만 레지오 교육이 무엇인지는 이제부터 배워 나가야 하는 지식체였다. 부모들은 레지오 교육에 대한 설명을 요구하였고, 하늘유치원의 원장과 교사 역시 부모들과의 관계의 시작은 레지오 교육에 대한 설명으로 채워졌다. 그러나 레지오 교육은 부모들에게 알아가야 하는 대상이었고, 저 멀리 존재하는 이상향과 같이 힘들게 따라 잡아야 하지만 거리가 좁혀지기가 쉽지 않은 존재였다. "레지오 교육이 뭐지?"라는 질문은 부모에게는 늘 화두였으므로 원장과 교사는 이들의 요구에 부응하는 것이 부모로 하여금 유치원 교육에 참여하게 할 뿐 아니라 유치원 교육의 지지자가 된다고 믿고 있었다. 교사들은 부모에게 교실에서 어린이들이 어떤 학습을 하는지를 설명하고자 하였고, 이는 곧 레지오 교육의 실체로 부각되었다. 예를 들어 교사들은 어린이들의 마음 혹은 놀이 속에 감추어져 있는 교육적 의미를 찾기 위해 고민하고 있고, 교육적으로 의미 있는 놀이가 되도록 어떠한 매체를 제공해야 할지를 고민하고 있다고 부모들에게 이야기하면서 이러한 교육이 레지오라는 것을 은연중에 강조하였다. 많은 부모들이 조용히 교사의 이야기만을 들으려고 하고 적극적으로 자신들의 의견을 내놓지 않았다. 왜냐하면 부모교육 형식의 부모모임에 익숙하였던 부모들은 레지오 교육이 무엇인지에 대한 설명을 유치원으로부터 듣는 것을 중요하게 여기고 있었으므로, 교사들과 대화를 나누면서 어린이가 어떻게 학습하는지에 대하여 이해를 나누는 장으로 인식하고 있지 않았고 그러한 방식에 익숙하지도 않았기 때문이다. 부모에게 레지오 교육은 부모들의 사고나 세계 밖에 존재하는 지식체이므로 원장과 교사에게 배워서 알게 될 지식체였던 것이다.

한편, 하늘유치원에 형제를 보내면서 몇 년 동안 레지오 교육을 접하고 있는 부모의 목소리내기는 다른 부모들을 대화의 장으로 끌어들이고 있었다. 레지오 교육에 익숙한 부모들은 어린이들의 자발적인 학습 경험을 인정하고 이를 지원할 수 있는 방법에 대한 이야기를 하였고 이들의 이야기는 레지오에 익숙하지 않은 부모에게 질문을 던지는 결과가 되었다. 특히 선 조직된 지식의 체계적인 학습을 전제로 하는 교육과정을 교육내용이라고 생각하는 데 익숙했던 부모들은 어린이가 스스로 관심과 흥미를 발전시켜 나가도록, 지원하고 만들어져 가는 발현적 교육과정이라는 특징이 레지오 교육에 대한 불안의 요소가 되었다. 학교로서 유치원에서 어린이들이 배워야 할 것을 교사들이 가르치기보다 어린이들이 배워야 할 것을 선택하는 것에 대한 불안감이었다. 어린이들이 소위 학습의 전형이라고 볼 수 있는 한글이나 수세기가 가르쳐지지 않는 가운데 실뜨기를 배우거나 인형 옷 만들기와 같은 놀이 활동에서 어린이들이 무엇을 배울지에 대한 우려였다. 또한 이러한 활동을 통한 학습을 부모가 인정한다고 하여도 '모든' 어린이가 '똑같이' 배워야 할 교육 내용을 선정하지 않는 것에 대한 확신은 쉽게 서지 않았다.

예를 들어 한 부모는 "아이들이 자유롭게 선택을 할 수 있게 하고 선생님이 강제로 하시는 게 아니잖아요. 엄마의 입장에서는 (아이가) 관심이 없는 분야에 호기심을 갖게 해줄 수 있었으면 좋겠는데 그렇게 하는 게 좋은지, 아직 선생님의 활동에 확신이 서지 않아요."라고 말하면서 어린이의 관심에만 맡기는 것이 레지오 교육인 것 같은데 어린이의 학습에 어떻게 영향을 미치는지에 대한 확신이 부족하다는 자신의 입장을 표현하였다. 또 다른 부모는 메시지 센터에서 어린이들이 주고받는 편지에 대한 교사의 설명에 "예쁜 모양만 좋아하는지, 정말 애의 마음을 실을 수 있는 표현이 되고 그거를 받았을 때 받은 친구도 보낸 친구의 마음을 제대로 읽는다든가 그런 건 좀 어렵겠지요."라고 하면서 어린이에게 나타나는 변화를 읽어내려고 하는 교사의 노력은 충분히 이해하겠으나 여전히 그러한 상호작용 가운데 의미 있는 학습이 일어날 수 있다는 것을 확신할 수 없다는 입장을 개진하였다. 즉, 교사들이 보여주는 어린이 일상에서 발견할 수 있는 학습이 과연 진정한 학습인지를 확인하기 어렵다는 것이었다. 이러한 불만은 다른 부모에 의해서도 빈번히 지적되었다.

부모들의 이러한 불안과 요구는 레지오 교육이 기존의 유치원 교육과 어떻게 다른지에 대한 부모들의 질문이었고 이에 대한 이해와 대화가 필요하다는 것을 의미한다. 부모들은 레지오 교육이 무엇인지보다는 레지오 교육이 아이들의 학습에 어떤 영향을 긍정적으로 미치는지, 상대적으로 다른 형태의 교육에 비하여 어떤 비교우위가 있는지, 특히 학업준비와 같은 학습에 어떻게 관련되는지를 알고자 하는 욕구를 드러냈다. 그러나 유치원 측에서는 부모들의 이러한 불안과 우려를 레지오 교육에 대한 이해 부족 혹은 레지오 교육에 대한 지식 부족으로 치부하고 있었고, 설명 이상의 적극적인 대응을 하지 않았다. 즉, 유치원은 레지오 교육이란 어린이들이 하는 활동을 관찰하면서 교육의 의미를 찾는 것이라고 부모들에게 말하고 있었지만, 부모들은 이러한 레지오 교육에서 자신들이 생각하는 중요한 학습은 어디에 있는지에 대한 풀리지 않는 궁금증을 품고 있었고, 서로의 입장 차이를 분명하게 인식하지 못한 채 레지오 교육에 동의하는 하나의 집단으로 간주되고 있었던 것이다.

어린이의 흥미가 발현되도록 하는 레지오 교육의 원칙을 유지하려는 교사나 유치원의 입장에 대한 부모의 저항은 레지오 교육을 지식체로 삼아 준거화한 원장과 교사의 정오(正誤)를 가르는 설명으로 대응되고 있었다.

어머니 1: 만약 제가 교사라면 자료를 제시할 것 같은데요. 선생님 같은 경우에는 자료를 제시하지 않으시는지 그리고 언제쯤 제시를 하실 건지.

원　　장: 그거는 레지오 교육법이 아니지.

어머니 1: 그건 그렇지만 레지오 교육법이라는 게 무조건 애들이 원하는 데로 틀려도 그쪽으로 이끌어 가는 건 아니라고 보거든요?

유치원과 부모가 어린이를 위한 진정한 교육을 위한 상호 이해를 기반으로 하는 레지오 교육에 대한 서로의 관점을 나누고 상호 이해하려고 하는 노력보다는 '레지오 교육'이라는 부동(不動)의 지식체에 누가 얼마나 가까이 있느냐를 보여주는 경주와 같은 현상이 부모참여 모임에서 드러나고 있었다. 즉, 부모참여 모임을 통해 부모와 유치원 모두 유치원 교육은 어떠해야 하며 무엇이 어린이를 위한 진정한 교육인지에 대한 논의를 하기보다는, 유치원은 부모들에게 자신의 교육방식을 알리며 유치원이 가는 대로 부모를 끌고 가려는 양상으로 흘러갔다. 유치원은 부모를 레지오 교육을 적용하는 유치원의 틀에 편입시키려고 하였고 부모들은 하늘유치원의 가치에 자신들을 편입시키는 방식으로 적응하여 왔다. 그 결과 유치원과 부모 모두 관점의 차이를 알고 이를 인정하기보다는 레지오 교육이라는 실체화되어 있는 무엇에 동조하고 합의해야 한다는 생각에 빠져 있었다. 기록작업을 공유하는 부모협력모임을 통해 유치원과 부모의 학습공동체를 만들어 보고자 한 하늘유치원의 노력은 오히려 레지오 교육에 대한 서로 간의 입장 차이를 더 확인하도록 한 것이었다.

그럼에도 불구하고 부모참여 모임은 부모들이 하늘유치원의 교육목적과 방법에 표면적인 동의를 하고 있지만 자신들이 동의하고 있는 구체적인 내용이 무엇인지에 대해서는 모호한 상태로 머물러 있다는 것을 인식하도록 하였다. 유치원과 부모가 어린이의 행복한 삶을 고양하기 위해 어떻게 생각을 나누어야 하는지에 대한 이해의 기반이 마련되지 않았다는 것을 보여줌으로써 부모참여 모임이 어떠한 방향으로 전개되어야 하는지에 대한 질문을 부모와 유치원 모두에게 던지게 된 것이다.

2) 어린이의 학습과정을 함께 들여다보는 부모와 학교: 전경에 세워진 실체화된 레지오를 넘어 하늘유치원의 현지성(locality) 보기

부모참여 모임이 횟수를 거듭해가자 한 교사는 부모와 함께하는 참여의 의미가 무엇인지에 대한 이야기를 하면서 레지오가 무엇인지를 부모에게 알리거나 부모의 의식을 바꾸는 것이 아니라 진정으로 어린이를 위한 교육을 함께 고민해 보는 것이라는 깨달음을 말하기 시작했다.

1학기 때부터 교육이라는 게 아이들과 교사와 학부모님들이 세 박자가 맞아야 한다. 우리는 아이들과 함께 생활해 나가지만, 어머님들은 그렇게 잘 안 되서 같이 이끌어 나가고자 이야기를 해보며, 어머니들과 이야기를 나누면 좋은 이야기가 나올 것이라고 생각을 해 아이들과 하늘공원에 가서 회의를 하고 사진을 찍고, 사전에 산책을 나가서 아이들과 보고 이야기하고 교수님들과 이야기하고 과연 하늘공원에서 어떤 이야기를 할 수 있을까 많이 고민했어요.

교사들이 부모참여 모임에서 레지오를 알리려고 그리고 설득하려고 하는 자신들의 모습을 반성하고, 부모들에게 어린이의 생각과 아이디어들을 이야기하고 다시 이야기하면서 어린이의 학습과정을 가시화하기 위하여 노력하게 되었다는 것이다. 교사들은 레지오에 관한 설명 대신 우리 반 아이들에 대한 이야기를 하게 되었고 부모들은 교사들의 이야기를 함께 나누고 있었다. 한 어머니는 “선생님이 말씀하시는 과정이 이제 귀로 들리고 머릿속으로 상상을 하게 됩니다.”라고 하면서 교사들이 어린이들의 일상생활에서 무엇을 경험하고 있는지를 부모들과 무엇을 어떻게 나누려고 하는지를 이해하게 되었다고 하였다. 그 어머니는 자신의 아이가 집에서 보이는 관심과 유치원에서 하는 놀이가 어떻게 연결되고 있으며 아이의 놀이가 어떤 방향으로 가고 있는지를 교사의 이야기를 들으면서 자신이 아이의 마음을 알아가는 과정을 스스로 만족스러워 하였다. 전반기에 극명하게 드러났던 ‘올바른’ 레지오 교육이 무엇인지를 서로에게 일깨우려고 했던 부모참여 모임의 성격은 약화되어 갔다. 어린이의 일상생활이 담긴 기록작업을 교사와 부모와 함께 나누면서 어린이의 마음에서 비롯되는 교육의 의미를 읽고 해석하려는 공동의 노력의 장으로의 변화가 시작되었다.

부모참여 모임에 자발적으로 나오면서 부모들은 어느새 자신의 자녀들이 어떠한 모습으로 유치원에서 학습하고 있으며 어린이의 학습을 위한 교사의 지원이 교육적으로 어떠한 의미가 있는지를 교사와 어린이의 입장에서 바라보기 시작하였다. 하늘공원에서 본 노을을 교실에 가져오자는 교사와 어린이들의 이야기, 어떻게 노을을 가져올지, 노을을 어떻게 만들 수 있을지에 대한 어린이들의 대화를 들은 부모들은 어린이의 상상적 사고의 가치에 대하여 다시금 생각해 보게 된다. “환상(상상)과 현실을 구분지어서 해 줄 필요는 없을 것 같아요. 점차로 크면서 아이들이 스스로 알아가는 것 같아서, 나름대로 동화책을 만들어가는 과정이 참 좋은 것 같아요.” 또 다른 어머니 역시 한 어린이가 고안한 노을을 잡아오는 방법에 대한 이야기를 듣고 “파란 풍선을 탔는데 새가 와서 쪼아 먹으면 풍선이 터지는 그것은 동화책에서 나오는 대본 같아요.” 하며 어린이 상상력의 가치를 인정하고 있었다. 어린이의 상상력에 대한 인정은 어린이가 만들어가는 학습의 과정이 교육적일 수 있다고 보는 부모의 관점 변화를 읽을 수 있었다. 또한 부모참여 모임에서 부모와 교사는 어린이의 학습과정을 어떻게 이해하고

도와줄 수 있을지를 함께 나누면서 교육기관으로서의 하늘유치원의 이미지 또한 함께 그려지고 있었다.

부모참여 모임에서 부모들이 지속적으로 자신의 아이들이 특정 활동에 참여하는지의 여부에 대하여 질문하면서 교사의 기록작업 안에 담겨 있지 않은 아이는 배움이 없을 것이라는 막연한 불안감과 어린이들의 흥미를 중심으로 교육이 진행되는 것이 과연 교육일 수 있는지에 대한 두려움에서 벗어나 교사와 함께 어린이의 마음을 읽으려는 자신들을 발견하고 있었다. 그리고 이러한 자신들의 변화에 스스로 놀라워하고 있었다.

> 선생님을 보면서 엄마가 반성이 많이 되더라구요. 왜냐하면 우리 아이가 (기록작업에서) 안 보이더라구요. 그러다가도 자꾸 오게 되는데 엄마가 반성하게 되는 것을 얻기 위해서 오게 되는 것 같더라구요. 아이한테 해줄 수 있는 것을 얻기 위해 오고, 열심히 듣고 주변의 아이들에게 표현해 줘야지 하는 생각이 들게 되어서 참 좋았습니다.

부모들은 어느새 어린이들이 특정 활동을 했느냐 안했느냐가 아니라, 어떤 활동에 어떻게 참여하고 있으며 어떤 학습이 일어나고 있는지에 대한 교사의 이야기에 귀를 기울이고 있었고, 이 귀 기울임의 과정에서 아이들의 학습의 과정으로 흘러들어갔고 이러한 학습을 위해 부모는 무엇을 해야 할지를 고민하면서 인식의 변화를 경험하고 있었다.

원장과 교사도 레지오 교육이 무엇인지를 하늘유치원의 사례를 통해 부모에게 가르치려 하지 않았고, 부모 역시 알아야 할 지식체로서의 레지오 교육에 대해 알려고 하는 의지에서 벗어나, 어린이의 학습과정이 드러나는 기록작업에서 어떤 교육을 하는 것이 이 어린이의 학습에 도움이 될 것인지를 교사와 함께 머리를 맞대고 토론을 하고 있었다. 예를 들어 어린이들의 쓰기 욕구에 부응하기 위하여 글자를 실험적으로 조합할 수 있는 공간을 마련하고자 한다는 교사의 의견에 한 부모는 "흰 종이를 벽에 붙여놓으니까 자기가 원하는 것을 그리고 쓰더라구요." 하면서 큰 종이를 벽에 붙여 주는 안을 내놓았다. 이렇게 부모와 교사는 어린이의 흥미와 마음을 읽고 이를 지원할 수 있는 방법을 고민하고 있었고, 여기에는 레지오 교육인지 아닌지, 레지오 교육에 더 가까운 것인지 아닌지를 가리는 논란은 더 이상 없었다.

교사의 기록작업을 통해 부모들은 어린이들이 어떠한 학습 과정에 있는지, 즉 어린이 학습을 바라보고 있었다. 어린이의 학습 과정을 통해 교사의 지원, 즉 가르침을 바라보면서 어린이를 이해하는 교사를 보게 되었고, 자신의 자녀는 물론 학습에 함께 참여하고 있는 학급의 다른 어린이들도 함께 바라보게 되었다. 하늘유치원의 부모, 교사, 원장은 어린이의 일상 속의 학습을 담는 기록작업을 같이 들여다보면서 관계를 맺고 서로를 이해하는 인식의 변화를 경험하고 있었다. 부모에게 학습공동체를 향해가는 경험이란, 자녀의 교육을 맡기고 있는 하늘유치원이 수행하는 레지오 교육의 원칙을 알아 나가는 것이 아니라, 어린이의 학습 과정에 관심을 기울이고 어린이에 대한 이해를 확장하게 되고 교육에 대한 자신들의 관점이 변화하는 것을 경험하는 것이었다. 결국 하늘유치원의 교육의 실제를 가시화하는 기록작업은 부모와 교사가 어린이를 통해 관점의 차이를 인정하고 다름을 이해하려는 과정에서 일상의 학습 과정을 함께 들여다보는 데 동참하려고 하는 공동의 움직임으로 유치원 교육을 보게 되는 체험을 낳게 하였다. 하늘유치원은 어린이의 일상이 살아있는 기록작업을 부모와 함께 나누면서 레지오 교육에서는 이런 것을 한다는 식의 가르침을 보여주기 위한 부모참여의 의미를 서서히 넘어서고 있었다. 레지오 교육을 실체로 놓고 그것임과 아님, 맞고 틀림, 또는 더 많이 알고 모름으로써 그어지는 경계선을 넘어선 것이다. 어린이의 학습 과정을 함께 바라보면서 어린이의 능력에 놀라워하면서 왜 어린이가 스스로 만들어 가는 학습 과정을 지원해야 하는지를 함께 이해해가는 유치원과 부모의 모습은, 학습공동체의 형성을 지향하는 데 있어 실체화된 레지오 교육을 넘어서서 자신들의 학교에서 더불어 대화하고 이해하는 것으로 이행해 가는 부모참여의 종단적 변화를 보여준다.

2. 바다유치원에서의 부모참여 변화 과정

바다유치원은 기록작업을 부모와 공유하는 부모참여 방식을 선택하면서 하늘유치원과 같이 레지오 교육이 교실에서 어떻게 일어나고 있는지, 어린이의 생활은 어떠한 모습인지를 보여주고자 하였다. 그러나 교실 환경과 교수학습전략에 치중해 오던 단기간의 변혁이라는 맥락에서 '전혀 신경 쓰지 못하던 부모 부분'에 전면적인 변화를 시도함으로써 매우 큰 기대감과 불안감을 함께 동반하게 된다. 바다유치원의 부모는 레지오 교육의 동반자로서보다는 주로 자녀를 입학시킨 수요자로서 존재했다. 유치원은 레지오라는 구호 하에 부모에게 일종의 신선한 서비스를 제공하는 역할을 수행하는 것으로부터 부모를 유치원 교육의 과정 안으로 초대하는 새로운 시도가 낳는 부담과 결과를 감내해가는 과정을 경험하고 있었다.

1) 학교 선택에 대한 확신을 찾으려는 부모 vs. 레지오 교육이라는 믿음을 전도하는 학교: 부모가 믿어야 할 대상이자 바다유치원 교육의 이상으로 전경에 세워진 레지오 교육

바다유치원도 사립유치원으로서 부모들은 지역사회의 지명도에 의존하여 자녀교육을 위한 장으로 선택하게 된다. 건물 외부뿐만 아니라 내부 환경의 아름다움은 감각적으로 쉽게 확인할 수 있는 요소로서 수요자들의 기대를 충족하는 데 일조를 하고 있었지만 이 유치원의 '독특한' 교육방식은 언제나 베일에 가린 지식체였다. 유치원은 학기 초 오리엔테이션에서 레지오에 대한 간략한 설명과 이 교육방식을 운영해 나가기 위한 부모들의 협조를 구하는 형태로 부모들과 관계를 맺어 왔다. 레지오 교육에 대한 깊이 있는 이해를 위한 장을 마련한다기보다 레지오 교육을 꾸려가기 위한 전사 시간이나 교사협의 시간 확보 등을 위해 부모들이 가급적 소소한 관여를 자제해 주기를 바라고 요구해 왔다. 따라서 부모들에게 레지오는 알아가야 하는 대상이나 힘들게 따라 잡아야 하는 이상향으로도 자리 잡고 있지 않았다. 레지오에 대한 약간의 정보를 유치원으로부터 받았지만 '좋다는 유치원'에서 '한다'니까 따라가야 하는 궁금하고 신기한 대상이었다.

1학기의 부모참여 수업은 참관수업을 위한 특별한 무엇이 준비되어 부모들에게 보여주거나 함께 즐기는 기존의 부모참관 수업의 형태를 완전히 벗어나 아이들이 유치원에서의 일상이 그대로 유지되는 자연적 맥락에 부모들은 관찰자이자 기록자로서 초대받았다. 교실의 일상이 부모들에게 전격 공개되고 교사들이 하는 기록작업을 직접 해보라는 부모참여 방식에 부모들은 어리둥절한 마음과 함께 그동안의 궁금함을 풀어 보려는 듯 적극적으로 유치원을 찾았다. 부모들의 기록작업을 위해 준비된 프로젝트 과정을 간략히 소개하는 '자료지'와 자신의 아이를 따라다니며 기록해 보라는 빈 칸의 '기록지'는 부모들에게 난해하고 부담스럽게 다가갔다. 본격적인 공개수업이 시작되기 전 연구교사가 약 15분간 주도하여 진행한 공개수업의 취지 설명에서는 레지오 교육과 기록작업의 중요성에 대한 일반론에 입각한 설명과 계몽적으로 비춰질 수 있는 호소가 열정적으로 나타났다. '레지오는 어떻게 하는 거지?'와 같은 막연한 질문을 갖고 있던 대다수의 부모들에게 여태까지는 접근이 막혀져 있던 레지오라는 지식의 실체를 드러내는 방식이었다.

특히 공개수업 후에 가진 부모협의 모임에서의 교사와 원장의 대응 방식은 자신들이 가지고 있는 레지오라는 지식체를 가르치고 공감을 얻어내려 하는 것이었다. 부모들의 질문은 그러한 유치원의 반응을 자극하는 촉발제와도 같았다. 예를 들어 프로젝트에서 내 아이가 얼마나 참여하고 있는지, 교육목적에의 달성을 어떻게 확인하는지, 어린이의 흥미를 중심으로 하다 편향된 지식교육이 되지는 않을지와 같은 부모들의 질문들에 유치원은 레지오에 대한 지식으로 답했다. '레지오 프로젝트에서는', '발현적 교육과정이란', '레지오 교육은 지식을'이라는 서두로 시작되는 긴 설명이 이어졌다. 유치원의 방향에 대한 부모들의 크고 작은 도전에 대처하는 방식은 레지오 교육이라는 위대한 이상을 드러내는 것이었다. 유치원이 지향하고 있는 레지오라는 이상에 대한 자신들의 지식을 최선을 다해 쏟아내는 향연의 장과도 같았다. 레지오라는 이상을 실현하기 위한 유치원의 노력과 어려움을 이해하지 못하는 부모들은 이기적인 부모로 해석되고 원망어린 호소의 대상이 되었다. 의구심을 드러내거나 저항적 질문과 부정적 태도에 대해서는 교사들과 유치원을 보호하기 위해 원장이 앞장서 훈계조의 답변을 내놓았다.

어머니: 애한테 물어봐도 잘 대답을 안 하니까 전화하고 싶어도… 전화도 잘 안 받으시는 것 같구.

원 장: 어머니, 그렇게 생각하시면 안 되죠. 우리는 애들 보내 놓고 정신없이 자료 정리하고 2시간씩 교사협의하고 하는데, 전화 받다가 시간이 다 가버리니…. 그래서 중요한 일 아니면 전화도 삼가시라는 거예요.

어머니: 그렇다구 애들 기록하느라 끼워 주지 않은 애를 선생님이 방치해도 된다는 건 아니잖아요.

이런 분위기 속에서 많은 부모들이 유치원을 향해 질문을 던졌지만 자신의 의견을 적극적으로 내놓지는 않았다. 부모들은 부모모임에서 레지오 교육 그 자체에 대한 설명을 기대했다기보다는 바다유치원에서 생활하는 '내 아이'에 대해 듣고 알아가고 싶어 했다. 즉, 부모모임을 교사의 설명을 잘 이해하고 수용하기 위한 것으로 보기보다 평소에 궁금했던 내 아이의 모습과 자신의 선택에 대한 긍정적 확인을 위한 것으로 생각하고 있었다. 유치원이 부모와의 차단 속에 좋은 유치원 만들기에 주력할 때는 부모들은 아름다운 환경 등 시각적 단서나 아이가 집에 돌아와서 하는 말이나 행동에 의존하는 막연한 만족감으로 내 아이의 혜택에 대한 답을 찾아갔다. 대부분의 부모들에게는 레지오 교육이 생소하기만 한 '용어'에 지나지 않았고 이에 동조하고 합의해야 한다는 생각이 싹트기도 전이었다. 그렇기에 기록작업을 매개로 한 부모참여라는 유치원 측의 시도는 시각적 단서나 간접적 단서가 내 아이를 잘 보냈음에 주는 확신 이상의 새로운 단서를 찾는 계기로 다가갔다. 부모는 '다른 유치원보다 더 좋다는' 이 유치원의 교육을 선택한 것이 잘한 것인지에 대해 유치원이 쳐 놓았던 베일에 가렸던 증거를 내 눈앞에 펼쳐진 교실 장면에서 찾으려 하였던 것이다.

그러나 유치원은 교실 앞에 쳐 놓았던 베일을 거두어 주고는 레지오 교육의 원리라는 지식을 채워 주려 하는 엇갈림이 일어나고 있었다. 부모가 원했던 내 아이에게 좋은 교육이라는 증거찾기에 대해 유치원이 레지오를 드러냄으로써 동조와 협력를 구하고자 하는 이 엇갈림 가운데 부모와 유치원 측 모두 예상하지 못했던 혼란과 갈등을 야기하고 있었다. 예를 들어 형제를 보낸 부모의 목소리내기는 다른 부모들의 대화를 심화시키기보다는 유치원이 드러낸 레지오라는 지식체를 확인해 주는 실증자료 정도로 여겨졌다. 즉, 유치원의 '편'을 만드는 살아있는 증거와 같은 분위기가 만들어졌다. 교사들은 부모협의 모임이 진행되고 있는 중에서나 종료된 직후에 '분위기 좋은 반'과 '분위기 안 좋은 반'으로 부모 모임을 유형화하면서 부모들의 피드백이 자신들의 설명에 동조하는 것이었는가의 여부에 민감하게 반응했다. 그 분위기에 따라 지금까지의 고생과 불안감에 대한 심리적 보상이 양극단으로 갈렸다. 부모들과의 대면은 유치원 측 참가자 모두를 이상적 교육의 열성적인 헌신자로서 위치지으며 긴장감과 더불어 약간의 상기된 상태로 만들었다.

부모들의 질문은 '좋다는 유치원'에 다니는 '내 아이가 받는 혜택'이 무엇인가에 기반해 있었지만, 질문에 대한 유치원의 반응은 레지오 교육에 대한 이해 또는 지식 부족 내지 바다유치원에 대한 믿음 부족으로 접근하고 레지오 교육에 대한 자신들의 이상의 실체를 드러내고자 한 것이었다. 그 지식 아래 합류되어야 할 대상으로서의 부모, 그래서 유치원이 하는 일에 기꺼이 긍정적으로 동조해서 힘든 유치원을 힘나게 해줄 부모들의 이야기를 듣고자 하고 있었다. 부모참여는 바다유치원의 지금 이곳의 자녀의 삶과 학습에 대한 구체적인 대화를 부모들과 유치원이 협의모임을 통해 나눔으로써 유치원 교육은 어떠해야 하며 무엇이 어린이를 위한 진정한 교육인지에 대한 지식을 구성하고 공감대를 형성해갔다기보다는, 레지오라는 실체 하에 부모에게 기록작업을 매개로 한 수업 공개와 부모협의라는 유치원의 또 하나의 혁신적인 모습을 제공하고 설득하고 보상받는 차원이었다.

2) 어린이의 학습에 대한 서로의 기대치를 짚어가고 조율하는 부모와 학교: 레지오를 후경으로 밀고 바다유치원의 당면 문제라는 매듭을 풀어가기

1학기 공개수업 직후 4세반의 부모 몇몇이 유치원에 대해 실망했다며 항의 소동을 벌였고 결국 영어유치원으로 옮기는 사례가 발생한다. 베일이 벗겨진 유치원에서의 부모들은 공개수업 그날 자신의 소비에 대한 확신의 강력한 단서를 찾지 못했고, 유치원은 레지오라는 지식체로 대처하려 했지만 당사자의 혜택을 확인시켜 주지는 못한 것이었다. 한편, 공개수업과 부모모임 후, 한 부모는 온라인 상에 레지오와 해당 유치원 교육에 대한 도전적 질문을 올리게 된다. 질문과 답글로 이어지는 온라인 토론에는 협력체 원장, 담임교사, 연구교사, 학자 등이 참여하였고, 약 한 달간 25쪽에 걸쳐 진행되었다. 이 토론의 중반 이전에는 레지오라는 지식체로 유치원을 설명함으로써 '편' 가르기라는 비판의 한 가운데에 서게 된다. 다음은 그 과정을 잘 나타낸다.

> 안녕하세요? … 우리도 부모와의 공감대의 필요성을 느끼고는 있었지만 여태까지는 우리 교사들도 연구하고 협의하는 데 많은 시간을 투자함으로 해서 부모님과의 시간을 갖지 못했습니다. (중략) 레

지오 교육은 1991년에 뉴스위크지에서 세계 최고의 유아교육으로 선정되면서 이미 인정받았고 한국에 들어온 지는 몇 년이 안 됩니다.

제가 안타까운 것은 이겁니다. 유아원과 교사들은 왜 학부모들이 문제가 있다고 보기 때문에, 이의 개선을 위해 건의하는 것들을, 일목에 비레지오적 사고로 간주하고 마느냐는 것입니다. 자꾸 그게 아니라 이거라고만 설명만 하려고 드느냐 이겁니다. 그러는 교사나 원장님들은 정말로 레지오 교육에 대해 제대로 공부를 하시는 겁니까. 아니면 신념만 있는 것입니까.

잘 보았습니다. 조금씩 신중하게 확대하며, 우리의 현실과 결합하면서, 발전시키는… 만들어 가는 자세가 필요하다고 봅니다. 그런데, 저의 경우 유치원 원장님이나 교사들은 좀처럼 귀를 열지 않더군요. 자꾸 자신들의 입장만을 설명하려는 태도가 답답하더군요. 틀을 벗어나고자 하면서, 오히려 자신의 틀을 억지로 만드는 격이 아닐까요.

그러나, 질문을 올린 부모가 유치원 측에 보인 '발전을 지향하고자 하는 용기에 대한 공감'과, 유치원 측의 '자존심 상해하면서도' 현장의 문제점을 짚어 주는 도전의 소리로 부모를 수용해가는 변화된 태도로, 이 토론은 부모참여의 새로운 가능성을 열며 종결되었다. 내 아이의 혜택 확인하기로부터 보다 나은 교육을 향한 부모와의 대화라는 진정성을 담는 부모참여의 가능성을 보여준 것이다.

> 제가 글을 올린 것은 불신이나 부정 차원이 아니었습니다. 오해마시기 바랍니다. 다만 약간 화는 나 있었습니다. 말이 길어졌는데요, 저희 아이 때문에 글을 올린 것이 아니라, 레지오 교육방식의 문제점이 이렇게 느껴졌기 때문에 이에 대한 개선의 희망에서 의견을 피력한 것입니다.

1학기 중반과 학기말에 걸친 격동의 부모참여 경험은 2학기 부모참여의 기획에 변화를 보이게 된다. 기록작업의 활용 전략과 비중에 차이를 둔 것이다. 추석에는 예절교육과 전통놀이 한마당으로 준비하여 기록작업보다는 활동 중심으로 부모참여수업을 기획하였다. 부모상담에는 개별 어린이가 각 영역에서 활동한 비율이 분석되어 다이어그램으로 제시되고 프로젝트에의 참여 상황이 면밀히 보고되었다. 학기말에는 반별로 교사가 미리 학기 중에 녹화한 비디오 자료를 영역별로 편집하여 구성하면서 모든 어린이가 한 번 이상 화면의 중심이 되도록 배려하였다. 부모들은 교사의 설명이 덧붙여진 비디오 기록자료를 시청한 후, 자유토의 시간을 가졌다.

이 과정에서 두드러지게 변화된 것은 원장이나 교사가 답을 제시하기보다 부모에게 질문을 돌린다거나 답을 유보하는 것이었다. 레지오를 알리고 계몽하려 했던 모습으로부터 부모의 목소리에 귀 기울이고 유치원 교육의 일부로 인정해가고 있었다. '레지오에서 했던' 방식도 레지오를 적용한 다른 기관에서 시행했던 방식도 아니었지만, 직면한 부모들의 요구를 자신들이 해결해 가야 할 문제로 적극적으로 받아들이고 있었다. 또한 레지오 교육이라는 큰 범주해결에서 나름대로 일관성 있게 부모의 요구에 부응하고자 노력하였다. 부모들도 레지오라는 지식을 받아들일 것인가 아닌가라는 무언의 부담감에서 벗어나 유치원 안에서 가족을 느끼고, 화면 안에서 내 아이를 보면서, 궁금하고 요구하고 싶은 것을 마음껏 말하면서 부모모임을 보냈다. 전반기에 극명하게 드러났던 레지오 교육이라는 이상의 계몽 대상으로부터 어린이를 중심으로 자신들의 요구를 공적으로 드러내고 함께 자유롭게 대화하는 존재로 자리 잡아가고 있었다. 하늘유치원에서와 같은 자발적인 부모모임이나 그 안에서의 교사와 어린이의 입장에서 교육을 바라보는 인식의 변화가 바다유치원에서 잘 표출되지는 않았지만, 유치원과 부모가 부모참여의 방향을 다시 되짚으며 모색해 가고 있었다.

바다유치원에게 있어서 학습공동체를 향해 가는 경험이란, 레지오식의 부모참여를 도입하고 레지오 교육을 부모에게 학습시켜 나가는 것으로부터, 자신들이 직면한 문제를 직시하고 그것을 자신만의 방법으로 극복해 가는 페이스를 찾는 것으로의 변화를 경험하는 것이었다. 이 경험이 보다 나은 '교육'을 향한 담론 형성에 얼마만큼 다가가고 있는지 아직은 미지수이다. 오히려 '교육' 신념이라는 차원이라기보다, 교육공급자로서의 수요자의 기호를 만족시켜 주는 사업 전략과 맞물려 있는 측면이 있을 수도 있다. 그러나, 설사 '교육'을 향해 더 나아가고 있지 않다 하더라도, 부모를 유치원 안으로 끌어들이고 그들의 말에 귀를 기울이고 레지오라는 자신들만의 이상에 얽매이지 않고 자신의 문제를 직시해 나가고자 했다는 점에서 도약을 위한 산통과도 같이 보인다. 문제는 유치원과 부모가 '교육'을 향해 어떤 조율을 앞으로 해 나갈 것인가에 있다. 결국 어린이의 학습을 통해 유치원 교육을 가시화하고자 했던 기록작업은 부모와 교사가 서로의 관점과 요구의 차이를 인정하고 함께 스스로를 드러내어 매듭진 대화의 실마리를 풀게 하였다. 이상으로서의 레지오 교육을 후경으로 밀어 놓고 자신들 유치원의 바로 그 부모들과 함께 높은 장애물을 넘는 힘든 진통을 견디고 있는 것이다.

CHAPTER 6

우리의 의미 구성

: 학습공동체 지향 과정에서 기록작업의 의미

1. 움직임을 낳고 지향점을 찾아가는 근거로서의 기록작업

기록작업은 학교와 부모가 참여과정의 단면들을 엮어가면서 움직이지 않을 수 없게 한다. 또, 지향점을 찾아가게 한다고 볼 수 있다. 교육에 있어 이상은 언제나 존재함과 더불어 이상 또한 언제나 움직이는 것이다. 만약 특정 이상에 기대어 여전히 '미리 선언하고 동의하는 자에게 따라오게 한다'는 학교에 대해 '믿고 따르는' 집단(김희연, 2003)을 만들려 한다면 그 공동체는 개방된 움직임이 없다고 보아야 한다. 여기서의 개방이란 자신의 것을 포기함이나 타인에게로 유입됨을 뜻하는 것은 아니다. 교육적 이상의 수정가능성을 전제로 관련된 여러 논의들이 병존하면서 내 실천에 대한 반성적 지식 구성의 기회로 삼는 것을 뜻한다. 따라서 기록작업은 움직임을 만들면서 교육적 이상을 지향하는 과정에 있어서의 설득과 선언이라는 인식론적 단절을 극복할 수 있게 한다. 대화를 통한 상호 이해와 지식의 공동 구성을 말하지만, 그 개체적인 일상의 상호작용에 있어서는 항상 실재론적 실재(being)가 '신념' 또는 '이상'이라는 미명 하에 존재하게 된다. 이 이상이란 실재는 그 이상을 공유하지 못한 측에게 그렇게 이끌려가도 상관없는 또는 그래서 더 좋은 대상으로 '수용'되기도 하지만, 또 한편으로는 자신을 수동화시키고 교화시키려는 폐쇄적인 규범으로 인식되면서 그 존재에 대해 오히려 질문을 하고 해체를 하려고 한다. 교육적 활동에 대한 기록물은 그것이 사진의 형태이건 문자의 형태이건 해체의 근거를 제공함으로써 또 다른 움직임을 낳기 때문이다.

이상을 공유하지 못한 타자들의 다양한 반응-수용과 해체 등-은 그것이 어떠한 방향이던지 '지향점'을 찾아가는 참여의 권리로 인하여 지식 구성의 권력을 부여받게 된다. 이때 참여란 모든 잡다한 사적 주장들에 대해 평등성을 보장하는 것이 아니라 오히려 그 주장들이 참여를 통해 걸러지고 승화되어 공적 가치를 창출하는 방향으로 작동되는 것을 말한다. 학습공동체란 이러한 작동 안에서만 존재하게 된다. 우리가 '학습공동체를 지향한다' 또는 '학습공동체를 만들어간다'고 했을 때, 물론 그 과정의 주체는 참여하는 모든 개체들이지만, 그들 사이의 관계가 '바람직한 교육'에 대한 문제의식-교육적 이상, 또는 교육의 지향점으로 표현되는-을 중심으로 교육적 관계로 맺어질 때 그들에게 지식 구성의 권력이 자생된다. 이 교육적 관계를 맺게 하는 데 기록작업은 적극적인 역할을 담당한다.

프로젝트가 진행되면서 우리는 기록작업과 관련된 네트워킹이 분석과 자기 반성을 가능하게 하며 따라서 변화를 가능하게 하는 핵심 수단이라는 것을 깨달았다. 교육적 실천경험의 교류를 위해 열려있으며 교육적 기록작업(pedagogical documentation)을 둘러싼 비판적 토의를 수반하는 네트워킹은 엄청난 잠재력을 발휘했다. 교육 실천을 변화시켰을 뿐 아니라 관계의 방향(the ethics of encounter)을 만들어냈다. 그 상호적 관계는 내용이자 목적일 뿐 아니라 그 자체로서 수단으로 기능했다.

(Dahlberg, Moss, & Pence, 1999: 134-135)

기록작업을 매개로 한 대화와 그 대화에 대한 기록작업이라는 반복 과정은 움직임을 낳고, 이 움직임은 단순히 변화라는 운동만을 수반하는 것이 아니라 움직임의 방향까지를 이끌게 된다. 기록작업에 의해 움직임이라는 내용이 만들어지고 기록작업에 의해 그 움직임이 방향성을 찾아가게 되기 때문이다. 현상은 정지해 있는 것이 아니라 끊임없이 움직이므로 학교에서의 대화 역시 이 움직임 속에서만 이해되어야 하며 이 움직임 속에서만 권위 있는 지식이 구성된다는 말이다. 따라서 학습공동체 문화는 지속적인 변화, 즉 움직임이라는 특성을 지녀야 하며, 이 변화를 위해서는 교육자들 사이의, 더 나아가 부모들과의 의사소통의 새로운 방법을 개발하고자 노력할 필요가 있다.

이렇게 보면, 유치원이 부모들에게 자신의 입장만을 설득하려 했던 것은 대화에 있어 불가피한 부분임과 동시에 교사들 스스로가 만든 틀 안에 스스로를 가두고 머무는 정지 상태라고도 볼 수 있다. 이상을 바라보는 교사는 설득하지 않을 수 없을 테지만, 동시에 지식 구성의 권력을 자생하게 하는 '움직임' 에 있어서는 정지해 있었던 것이다. 이 때문에 '갈등'도 생기고 '떠남'도 생긴다. 만약 우리가 '학습공동체'를 만들어 가고자 할 때, 현실로 드러나는 모든 단면들에 기대어 있다면 매번 부딪히고 갈라지면서 '향해감'보다는 반복적 문제 적응이 학교 현장에 팽배하게 될 것이다. 다시 말해 움직인다는 그 자체만으로는 지식 구성의 권력이 자생되기보다 단면적 문제해결을 위한 주장과 설득의 반복을 낳는 정지의 오류로부터 벗어나기 힘들다. 그렇다면 정지의 오류로부터 벗어나 향해가는 움직임을 창출하는 학습공동체 구성원들의 관계는 어떻게 만들어질 수 있는가? 각 구성원들의 기대구조를 분석함으로써 이 관계 형성의 가능성, 즉 학습공동체로서의 교육적 움직임의 가능성을 타진해 보고자 한다.

2. 상호 인식에 따른 공공성을 낳는 기지로서의 기록작업

부모참여 과정에서의 기록작업의 활용은 구성원들의 유치원 교육에 대한 기대구조를 확연히 드러냈고, 그 기대구조 사이에서 갈등과 희망을 보게 하였다. 과연 '교육'은 학습공동체 구성원들의 기대구조 가운데 어디에 존재하는가? 부모들의 '요구'들은 진정한 의미의 교육방향과 전략, 평가 등등과 얼마나 근접해 있으며 또한 유치원의 입장은 얼마나 그러한가? 우리는 유치원이 보이는 '교육'과 '사업'의 이중구조, 부모가 보이는 '교육'과 '경쟁'의 이중구조가 만나 형성되는 다음과 같은 4중 구조를 실행연구를 위한 자료 수집, 즉 또 다른 차원의 기록작업 속에서 개념화할 수 있었다.

		유 치 원	
		교 육	사 업
부 모	교 육	교육-교육	교육-사업
	경 쟁	경쟁-교육	경쟁-사업

이러한 4중 구조는 유치원 내부의 교육적 관계의 모순을 낳는다. 교사와 부모와 어린이가 3대 주체로 내세워지는 가운데 실질적으로 유치원 내부에는 기대구조의 양면성이 표면과 이면을 이루며 특정 교육적 실천의 의미를 교란시킨다. 부모를 위해 마련한 기록 자료(비디오 자료)에서는 교사의 역할이 얼마나 전문적인지를 강조하면서도, 부모들의 '자기 아이' 찾기라는 욕구에 맞추는, 즉 소비자의 수요를 고려한 개별 '아이' 중심의 편집 방향이 설정된다. 가능한 한 모든 아이가 고루 나올 수 있게, 다양한 영역이 포함될 수 있게 자료를 편집한 것은 유치원 측의 교육적 신념의 관철이기보다, 교육공급자로서의 수요자의 기호를 만족시켜 주는 사업 전략과 더 맞물려 있다고 할 수 있다. 부모 또한 교육이라는 명목 하의 대화 아래 자신들의 숨어 있는 의도, 즉 내 아이의 수월성 확보를 위한 경쟁적 우위 점하기를 드러내기도 한다.

그러나 이 중층구조가 반드시 교육적 교란만을 가져오는 것은 아니다. 유치원 측의 사업 번창이라는 강력한 사적 요구는 오히려 유치원을 보다 교육으로 더 다가가게 하는 결과를 낳기도 하였다. 소위 어느 곳보다도 '잘 운영되는' 유치원은 유치원의 교육적 요소, 예컨대 지역사회와의 연계 등을 강화시켜 나가는 동기로 작용하였다. 또한 경쟁이라는 부모의 사적 요구가 부모 스스로를 반드시 사적 영역 안에 머물게 하는 것만은 아니다. 다음은 부모의 사적 경쟁 동기가 '교육-교육'의 범주와 어떻게 맞물려 나가야 하는지를 보여준다.

> 교육열은 '교육을 통한 자녀 성취 욕구' 또는 '자녀교육 투자 동기'이다. 교육열에 대한 긍정 혹은 부정의 논란이 있음에도 불구하고, 교육열 그 자체는 교육이 어떤 방향으로 움직이게 하는 원동력일 뿐이라는 점이 확인되어야 한다. 이러한 원동력은 많으면 많을수록 좋은 것이다. 따라서 과잉교육열이라는 말은 적합하지 않다. 과잉교육열이라고 우리가 말해 온 것은 정확히 말하자면, 교육열이 잘못 표출된 경우이다. (중략) 지금 학부모들 사이에서 보이고 있는 경쟁은 교육열이 올바르게 유도된 것이라고 볼 수 없다. 학부모들의 합리적(?) 행동들이 사회적으로는 과투자로 나타나고 무한경쟁으로 나타나 엔트로피만 증가시키는 현실이다. 학부모 교육열을 유도하는 것에 우리들의 열정이 모아진다면… 교육열의 자원화가 시작된다.
>
> (이종각, 2003: 10-13)

유치원 측에서 부모의 발언을 무조건 '남과의 경쟁'에서의 우위점하기로 치부하고 교육과는 분리된 것으로 간주한다면 부모의 높은 교육열을 올바르게 유도하는 데 실패하게 될 것이다. 교육열을 올바르게 유도하고자 할 때 가장 중요한 문제는 개인이 공적 영역으로 기꺼이 들어올 수 있는 교육 본질에 대한 질문과 만날 수 있게 하는가이다. 교육열은 교육 본질에 대한 질문과 만날 때 그 '가변성, 적응성, 확산성'(이종각, 2003: 68)이라는 속성으로 말미암아 언제든지 '교육－교육'이라는 공공의 구조 안에서 재구성될 것으로 기대할 수 있다. 그런데 교육의 '공공성'은 유치원과 부모 사이에 '드러낼 만한 것이 있고' '드러내는' 행위 가운데에서만 존재하게 된다. 기록작업은 바로 그것을 가능하게 한다. 어린이들의 일상에서 교육적으로 의미 있는 것의 포착과 해석 그리고 공유는 교사와 부모가 서로를 '주관'으로 만나게 함으로써, 각자의 사적, 공적 요구를 인식하게 하고 그 경계를 공적인 것으로 재구축하는 자기 인식의 근거를 제공함으로써 교육 본위의 질문에 다가갈 수 있게 한다.

3. 적용(adaptation)을 넘는 반성(reflection) 도구로서의 기록작업

이 교육 본위의 의미를 모색하는 데 있어 빼놓을 수 없는 것은 학습공동체를 형성하고자 했던 시점에서의 레지오의 '적용'에 대해서이다. '조언'을 얻고자 인터넷에 질문을 올린 아버지가 '비레지오적 사고'로 자신의 의견을 치부하고 마는 유치원/교사의 입장에 분노하는 이유는, 유치원이 레지오를 반성의 기지로서가 아니라 적용의 차원으로 여전히 접근하는 태도를 스스로 숙지하지 못하고 있었기 때문이다. 기록작업은 이러한 적용이 갖는 문제를 밖으로 표출하게 한다. 예를 들어, 신경 못썼던 것에서 이제는 신경써야 하는 것이 생긴 바다유치원의 경우는 이 적용의 문제를 기록작업을 매개로 한 일상의 공개과정에서 드러냈다. 유치원 측에서 부모와의 동반자적 관계를 강조하기 시작한 2003년도 1학기 이전에는 신입/재원생 학부모를 위한 오리엔테이션에서 유치원이 아이들의 활동을 관찰하고 분석하고 협의할 수 있도록 전화나 방문 등을 가급적 자제해달라는 입장을 강하게 호소해 왔다. 그러나 2003년도 2월 부모와의 협동적 관계 증진이라는 컨설팅의 방향과 유치원 측의 내부적 요구 증대에 따라 '신경 못써왔던 것을 이제는 신경써야 하는' 자기 고양의 기회를 만들게 된다. 그러나 자생모델이 스스로 문제를 찾아내고 돌파해 나가는 과정에서 만들어 내는 새로운 시도들과는 달리, 적용모델에서는 이 모든 것을 한꺼번에 다 할 수 없어서 조금씩 하는 과정에서 부분들이 가지는 의미는 변질되어버리기도 한다.

유치원들이 전통적으로 주력해온 사회적 경험의 시작이라는 전환점에 대한 민감한 대응전략으로서의 열심히 전화 받고 아무리 사소하고 작아 보이는 질문에도 성심으로 대답하고 했던 것들은 이미 그 지역사회에 하나의 가치로서 작동하고 있었다. 적용모델이 기존의 맥락 안에서 발전될 수밖에 없다면, 무엇을 없애고 새로운 것으로 대치하는 것이 아니라, 있는 것과 어떻게 연결시켜야 하는가가 중대과제가 되는 셈이다. 즉, 부모와의 동반자적 관계라는 레지오의 역사적 배경은 '우리 유치원'에서 부모와의 관계가 교육적으로 맺어지고 있는가와 같은 반성으로 작용해야 한다. '관찰과 기록에 일단 집중' 또는 '레지오에서 하는 부모참여'로 표현되는 방법적 '적용'은 지금 여기라는 자신의 맥락과 지속적으로 괴리되어 그 의미를 잃게 되는 결과를 낳을 수도 있기 때문이다.

여기에서 우리는 '학습공동체 형성'이라는 지향점에 비추어 적용상의 방법주의적 접근이 갖는 한계 또한 엿볼 수 있다. 유아교육에 있어 새로운 시도들이 언제나 혼재하고 그러한 와중에 마치 시장에서의 제품이 유행에 따라 나왔다 사라지고 하는 양상을 드러냈던 것은 각 접근법이 갖는 '교육'에 대한 본질적 질문들에 관심을 소홀했기 때문이다. 환경을 어떻게 꾸미고 교수전략을 어떻게 바꾸고 하는 방법적 전략에의 치중은, 그 외형적 결과가 다르게 나타날지언정, 또는 당장은 나타나지 않을지언정, 그 교육적 이상과 본질을 이해하고 '우리'의 문제와 '우리'의 상황에 대한 이해와 돌파에 적용하고자 하는 '본질적 파장'을 가져오지 못한다. 이러한 맥락에서 볼 때, 부모의 문제도 방법적 전략으로 작용하는 오류를 범할 수 있다. 이에 부모참여 실행기획에 참여했던 연구자들 역시 우리들의 지식에 기대어 있던 적용 수준에서 크게 벗어나지 못했다는 반성이 제기된다. 이 반성의 기회는 우리가 실행연구를 위해 수행한 기록작업으로 인해 찾아왔다.

레지오 적용에 있어서의 지역적 해석의 중요성은 1988년부터 시작된 스웨덴에서의 스톡홀름 프로젝트에서도 강조되었다(Dahlberg, Moss, & Pence, 1999, 6장 참조). 기획자 및 참여자들은 어린이들의 삶을 개선하기 위하여 스웨덴의 문화적 특수성, 포스트모더니즘 관점, 레지오 교육을 함께 결합시켰다. 여기서 레지오는 문화적 전통과 교육적 실천을 '반성'하고 '의식화'하는 '영감'(inspiration)이자 '프리즘'(Dahlberg, Moss, & Pence, 1999, 131)으로 간주되었다. 즉, 레지오의 적용을 자신들의 관점에서 이해하고 변형시키는 탈맥락화(decontextualization)와 재맥락화(recontextualization)의 과정으로 해석하면서 그 과정에서의 어려움을 예견하고 헤쳐 나가는 것을 오히려 공동 구성을 위해 필수적인 과정으로 보았다. 이상화된 신념과 실제 학교 문화 사이의 비판적 검토가 낳는 '창조적 긴장'(Senge, 1990)은 성장과 학습과 변화를 이끌어 학교문화 혁신에 이바지하게 된다(Henderson & Hawthorn, 2000). 이 긴장은 Green(1973)이 말한 '넓게 깨어있음'(wide awake)-개인의 의미 구성을 반영하는 세계와 타인과의 관계-의 기저를 이루게 되며, 기록작업은 이 창의적 긴장을 낳는 데 있어 결정적인 역할을 하는 것이다. 따라서 기록작업이나 부모참여와 같은 교육원리는, 적용모델에서, 그 사회문화적 맥락에서의 교육의 문제와 밀접하게 연결된 반성의 도구로 기능할 때 궁극적 변화를 향한 파장을 일으킬 수 있다는 점에 대한 인식이 무엇보다 필요하다.

4. 공동(체)성을 허무는 재건설 현장으로서의 기록작업

유치원에서 부모와 더불어 학습공동체를 형성해 나가고자 했던 일련의 노력들의 핵심이 기록작업이었다면, 이 기록작업의 이면에는 '레지오 교육'에서 받은 영감이라는 공동의 기반이 있었던 것이 사실이다. 그러나 우리의 실행 과정에서 부모참여라는 새로운 문화를 이끄는 구성원들의 구심점이자 공동체의 규범으로서 레지오가 존재했었는지를 살펴보는 것은 중요하다.

Sergiovanni(1992)는 학습공동체로서의 학교를 도덕적 리더십의 중심으로 본다(Henderson & Hawthorn, 2000: 163 재인용).

> 학교를 학습공동체로서 개념화한다는 것은, 한 가족이나 이웃이나 여타 친밀한 집단에게서 보이는 것과 유사한, 구성원들 간의 모종의 연결성을 내포한다. 그 연결성은 가족적이거나 심지어 종교적이기까지 한 경향이 있다. 공동체는, 구성원들을 결합시키는 데 필요한 하나의 공통분모가 되는 가치나 감성, 또는 신념들의 결집소인 장(center)에 의해 정의된다. 장은 하나의 공동체에 있어 가치로운 것이 무엇인지를 관리한다. 행동 지침이 되는 규범을 제공하고 공동체의 삶에 의미를 부여한다. 공동체의 장은 구성원들이 무엇을 어떻게 왜 해야 하는지를 구조화하는 규범을 제공하면서 마치 종교단체와도 같이 작용한다.

> 우리 학교는 무엇을 위한 곳인가? 학습자에 대한 우리의 이미지는 무엇인가? 우리의 어떤 점이 특별한가? 동료로서 우리는 어떻게 함께 일할 것인가? 공동체로서의 우리 학교는 더 큰 학교 공동체와 어떻게 조화를 이룰 것인가? 부모들과는 어떻게 같이 갈 것인가? 학교라는 장 안에서 공동체 규범은 교사의 정체성을 결정하는 전문적 규범으로 조정되어 전문적 이상을 꿈꾸게 한다.
>
> (47-48)

이 주장은 학교를 학습공동체로 봄으로써 '힘을 행사하는'(power over) 장이 아닌 '함께 힘쓰는'(power with) 장으로서의 학교라는 역할 변화를 강조한다. 이러한 역할수행이 학교의 규범이 됨으로써 공동체의 도덕성을 규정하는 도덕적 리더십의 본거지로서 기능하게 된다는 것이다.

그러나 '구성원들을 결합시키는 데 필요한 하나의 공통분모인 가치나 감성, 신념'이 그 공동체의 공유된 가치로써 작동할 때 참여라는 규범이 쉽게 조화를 이룰 것이라는 낙관은 다분히 관념적으로 보인다. 참여의 장은 구성원들 간의 평등성을 전제로 하고 있지만 공동체를 '하나'로 만드는 규범의 소유 여부, 수용 정도, 실천 동기의 차이 등은 구성원들을 그 '공동성' 아래 서열화하거나 폐쇄 경계선을 만들어 내기도 한다. 공통분모가 되었던 동질성의 내용이 도덕적 리더십으로 작용하기보다 도덕적 정형화를 낳을 수 있다는 것이다. 관념적 낙관은 (교육이 정치화되는) 실제의 진통으로부터 자유로울 수 없다. 예컨대 공동육아 가족공동체가 갖는 폐쇄성이 특정 이념의 소유 여부로 인해 생겨났다면(류경희, 김순옥, 2000)이 폐쇄성은 구성원들의 '공동성'의 실체에 기인하는 것이어서, 이 실체는 오히려 해체되어야만 '참여'의 장, 열린 가치 창출의 장으로서의 학습공동체를 구축할 수 있다. 학습공동체에서의 참여란 기회의 균등과 수평적 역할 수행과 같은 외형적 조건 속에서 찾아지기보다 자신의 존재 기반인 실체에 대한 '열린 가능성'에 입각한 재건설이라는 내재적 기능에 의해 정의되어야 한다.

기록작업은 부모와 함께 학습공동체를 지향하는 가운데 전제되어버릴 수 있는 '동질성', 즉 구성원들의 '공동성'의 실체에 대해 자연스러운 도전과 건설적 해체를 낳았다. 공유된 이상의 존재감(beingness)은 그 자체로 실천적 행위의 동기로 작용하기도 하지만 다중적 존재, 존재의 변형, 새로운 존재 등에 대한 가능성으로부터 스스로를 닫게 하기도 하였다. 이러한 현상은 유치원에 제기되는 부모의 이견에 대해 '비레지오적 사고로 일축하는' 유치원 측의 반응에서 읽혀지지만, 이러한 반응은 바로 부모 측의 신랄한 비판을 낳았다. 이 비판을 가능하게 한 것은 가시화된 교실과 게시판에서의 답글 기록이었으며, 유치원 측이 비판을 발전적으로 수용하고 대화에 참여하는 자신들의 지식의 실체와 의사소통의 일방성을 발견하게 한 것도 답글 기록과 실행연구 과정의 기록물이었다. 즉, 기록작업은 우리의 교실 안에 동질성의 잣대로 작동

했던 레지오라는 지식체의 공동성을 해체시키고 열린 가치를 찾아감으로써 '교육공동체'(서근원, 2004)라 불릴 수 있는 학습공동체를 지향하게 한다. 따라서 학습공동체를 지향하는 가운데 공동체의 외연(外延)으로서의 '우리'의 경계선은 언제나 유동적이어야 하며, 이에 따라 '우리'라 불리는 집단 구성원의 동질성은 기록작업이라는 해석선상에 놓임으로써 구성－해체－재건설 안에서의 한시성이라는 본질을 갖게 된다고 보아야 할 것이다.

CHAPTER 7

우리의 새로운 기대

: 따로 또 같이

앞서 기술한 기록작업에 대한 우리 해석의 네 가지 측면−움직임과 지향점의 근거, 공공성의 기지, 반성의 도구, 재건설 현장−에 입각하여 우리는 학습공동체를 지향하며 부모참여 과정에 기록작업이 어떻게 활용될 수 있는지에 대한 새로운 기대를 갖게 되었다. 이 새로운 기대는 우리가 실행연구를 수행하고 보고서를 쓰는 가운데 구체화되었다. 세 사람의 협의와 더불어 각자의 해석이 적극적으로 발현되는 과정과 다름이 없었다. 레지오에 대한 앎에 기대었던 우리 기획의 시작이 이제 각자의 해석을 담으며 또 함께 만들어져 가는 이 발현과정의 가치에 우리는 주목한다. 바로 이것이 학습공동체 내에서의 '우리'의 모습이기 때문이다. 실행연구라는 질적 연구에서의 '기록작업'이 우리들에게 준 또 하나의 선물이다. 이에 각각의 연구자에게 발현된 새로운 기대와 더불어 공유되는 기대를 기술하기로 한다.

오문자

교육 자문의 역할로서 나는 두 곳의 유아교육 현장의 '작은 규모의 변화'를 위해서 일하는 동안 두 기관이 교육 사회적 맥락과 유리된 존재처럼 내부의 변화에 우선 초점을 맞추었다. 어린이와 교사의 변화를 위한 도구로서 기록작업을 해석하고 그것을 근거로 다음의 경험을 함께 구성해 내는 방식으로 학급 내 프로제따찌오네를 지원해 왔다. 그러나 이번 연구를 통해서 각 기관들은 사회 문화적 맥락과 어느 한 순간이라도 유리될 수 없는 현 교육 현실의 축소판으로, 그 안에 제반 교육적 요소들이 서로 연결되어 망을 이루고 있음을 절감하게 되었다. 진정한 교육의 변화를 이루기 위해서는 또 다른 차원에서의 교육 프로제따찌오네를 통해 부모와 함께 학습공동체를 만들어 나가는 것이 필요하며 기록작업은 이 과정을 지탱시킬 수 있는 위력을 갖고 있음을 아울러 깨닫게 되었다. 다양한 가능성에 대해 열린 자세로 부모와 함께 교육의 본질에 대한 대화를 통해 지향점을 찾아가는 과정은 보다 나은 교육을 추구하는 모든 교육 주체들의 앎과 삶 속에서도 살아있고 실천되어야 함이 다가왔다. 또한 부모들도 자신들을 발전시키고 교육의 한 참여자로서 성장해 나갈 권리, 그런 성향과 욕구의 존재를 연구를 통해 확인할 수 있어서 교육의 한 주체로서 부모에 대한 인식을 새롭게 하게 되었다.

기록작업을 매개로 한 부모가 참여하는 학습공동체를 지향함에 있어, 기록작업을 우리가 추구하는 교육의 우수성을 입증해 주는 증거 혹은 기관의 성공적 적용을 드러내는 도구로 사용하는 것을 넘어서야 할 것이다. 좋은 교육의 '해답'을 전문가로서 부모에게 제공하려하기 보다, 부모와 함께 교육에 관한 새로운 '질문 찾기'에 주력하여야 할 것이다. 그러나 부모들의 관심의 출발지점은 현재 이곳에서 살아가는 자신의 어린이들의 경험일 것이다. 교사를 비롯한 교육자들은 기록작업을 매개로 하여 '특정 순간에 일어난, 특정 주체가 개입된, 특정한 사건'을 교육 본질에 관한 질문 찾기 및 대화의 장 차원으로 승화시키고 확장시켜 줄 수 있으리라 본다. 기록작업은 공통의 참조점을 제공해 줌과 아울러 '돌이켜 봄의 가능성'을 지니고 있기 때문에, 부모의 관심을 인정하면서 교육적 본질에 관한 대화를 나눌 수 있는 좋은 연결고리가 되어 줄 것이다. 두 현장을 중심으로 하는 작은 규모의 교육 변화시도였지만 그 복잡성과 의미에서는 결코 작지 않으며, 이와 같이 작은 microcosm 안에서 큰 의미가 논의될 수 있음을 인식하고 부모들과 함께 바라보고 만나 교육의 본질적 문제들을 논할 수 있는 장을 제공해 주는 데 기록작업을 활용함으로써 어린이, 부모, 교사의 앎이 함께 성장할 것을 기대해 본다.

정선아

나는 이 연구에 참여하면서 레지오 교육을 성공적으로 '적용'한 유치원의 이야기를 듣고 싶었고, 이들과의 만남을 통해 적용의 가능성을 찾아보고자 하였다. 여기에서 '적용'은 유치원의 용어를 차용한 것일 뿐 나에게 '적용'은 레지오 교육의 정신과 철학의 의미를 되새기고 우리의 교육 실제를 반성할 수 있는 반성적 도구임을 의미하였다. 왜냐하면 '적용'은 타자와 나와의 대화를 요구하는 것이기 때문이다. 이러한 의미의 '적용'을 생각하는 연구자인 내가 유치원과의 만남에서 의미의 문제를 발생시킨다고 보았고 이 의미를 공유할 수 있는 방법을 찾는다면 연구에 참여하는 것이 가치 있는 일이라고 여겼다. 따라서 유치원이 '적용'의 의미를 어떻게 발생시켜 나가고 있는지를 유치원과 부모와의 관계에서 볼 수 있을 것이라는 기대를 하였고, 이 과정에서 연구자로서 나는 부모 그리고 유치원과 레지오 교육을 적용한다는 것이 우리의 현실을 직시하고 우리의 어린이를 위한 교육이 무엇인지를 진지하게 고민하면서 변화를 위한 노력을 실행해보고자 하였다. 그리고 우리 연구자가 선택한 기록작업은 레지오 교육을 적용하기 위한 일편의 방식이 아니라 유치원에서 어린이들이 살면서 배워가는 과정을 부모와 연구자가 나누면서 유치원이 변화하고 도약하는 동력으로 작용할 수 있을 것이라고 기대하였다. 이 연구가 좋은 유치원으로 변화하기 위한 유치원의 선택에 대한 유치원과 부모의 나눔 과정이기를 기대하였다. 실행연구자로서 나의 기대는 연구과정에서 드러났을 것이고 유치원 역시 자신들의 기대를 여러모로 연구자에게 비추면서 서로 다른 기대를 조정하면서 연구에 참여하였다

유치원과 부모는 생애교육의 주요한 맥락이므로 이들이 어린이에게 제공하는 환경에서, 한국 사회에서 교육이 어떠한 의미인지를 들여다볼 수 있는 하나의 창이기도 하다. 유아기의 어린이들은

성공을 위한 도구로서 교육에 노출되어 있으나 여전히 어린이 삶을 인정하려는 성인에 의해 완충지대에 머물러 있기도 하다. 이러한 완충역할이 레지오 교육을 적용하는 유치원에 의해 이루어질 수 있다는 가능성도 보았으나, 여전히 시장지배의 논리로 무장한 한국 교육의 상황에서 자유로울 수 없는 유치원은 언제든 또 다시 교육보다는 경쟁을 내세우게 될 수밖에 없다는 현실을 직면하여야 했다. 내가 만났던 하늘유치원은 기록작업의 공유를 통해 교육과 부모에 대한 자신들의 관점 역시 변화하는 것을 경험하였다. 그러나 이러한 관점의 변화는 또 다른 관점의 변화를 동반하면서 살아갈 때 거듭나고 성장할 수 있을 것이다. 나 역시 살아 움직이면서 끊임없는 변화를 요구하는 학습공동체의 본질에 직면하면서 교육의 본위에 대하여 다시금 돌아보게 되었다. 교육의 본위, 즉 교육은 살아 움직이며, 지향점을 향해 교육의 주체가 함께 노력하는 에너지의 만남이라는 교육의 진정성이 엉클어진 실타래와 같은 연구자로서 내 삶이 풀려가는 실마리가 되고 있었다.

김희연

나는 부모이자 연구자로서 바다유치원과 관계하면서, 학습공동체는 '기획'이나 상하적인 설득에 의해 형성되는 것이 아니라는 점을 마음 깊이 새기게 되었다. 기록작업을 통해 부모와 교사가 주의 기울여 봐야 할 것을 보고 해석하는 가운데 스스로 성장하고 보다 나은 교육을 향해 관계 맺어 가는 학습공동체를 만들어 갈 수 있다는 것을 확신하게 되었다. 그러나 진정한 의미의 혁신을 이루기 위해서는 기록작업에 대한 자유로운 실험 정신이 더해져야 한다고 생각하였다. 예컨대 기존의 기록작업 형식을 쫓아 간다거나, 부모의 입맛 맞추기가 아닌, 창의적인 기록작업과 그에 대한 편집이 공공성을 확장하는 '교육본위', 즉 무엇이 더 나은 교육일 수 있는가에 대한 대화를 촉발시킬 수 있는 계기를 마련해 가기를 바란다.

게다가 기록작업은 '답'으로서나 객관적 정보로서 존재할 수 있는 것이 아니고, 기록을 하는 자와 그 기록을 읽어내는 자 사이의 소통에 의해서 그 의미가 비로소 창출된다고 보아야 한다. 따라서 기록작업을 수행하는 주체와, 기록물이라는 텍스트를 읽어내는 주체들 간의 주관의 교류를 전제로 하게 된다. 그렇기에 객관적 실체로서 지식을 다루고 지식의 효율적 전달에 치중해온 근대적 패러다임으로부터 벗어나지 않는 한, 부모는 객체화될 수밖에 없으며, 부모나 교사의 주관은 교육주체로서의 목소리내기에서 힘을 가질 수 없다. 기록작업이 질적 연구와 매우 유사한 과정을 거친다는 점에서도 질적 연구를 낳게 했던 서구 사유방식에 대한 비판적 성찰은 교육적 본질을 실현하기 위한 학습공동체 형성 과정에 있어서의 전제가 됨을 확신하게 된다. 즉, 교육에 대한 패러다임의 전환을 전제로 부모참여를 바라보게 되면, 치열한 실험의 장인 작은 단위의 유치원이, 조야한 실험에 그치지 않고, 학교교육의 혁신에 중요한 역할을 담당할 것으로 기대한다.

우리는 앞으로

이 연구 과정에서 우리는 현장의 운영자를 비롯한 교사들이 전체를 조망하는 데 있어 어려움을 갖는 것을 볼 수 있었다. 우리 연구자들은 마치 거울을 들고 서서 현장 교육자들이 자신들과 부모의 관계를 들여다보도록 하는 역할을 해야 할 것 같다는 생각에 이르렀다. 그러나 그것이 훈련받은 연구가 혹은 특정 지식을 지닌 집단에 의해 주도되어야 하는지, 아니면 앞으로 현장의 실천가들로 하여금 자신들을 돌이켜보고 분석하는 능력을 계발하는 방향으로 지원을 해야 하는지를 판단해 내기는 어려웠다. 물론 둘이 분리될 수 있는 과정이 아니고 우리의 역할도 점차 새로이 규정되고 바뀌어 갈 것이므로, 이 질문은 실행연구자로서의 지금 여기에서의 우리의 역할 수행에 있어 어디에 초점을 두어야 하는지에 대한, 스스로를 향한 것으로 남겨졌다.

또한, 연구의 초점이었던 기록작업이 그 과정에서 어떤 의미를 갖도록 했어야 했는지를 반성하게 되었다. 현장의 교육자들은 기록작업, 또는 기록작업과 함께하는 부모와 유치원의 관계에 대해 자신들이 가진 틀 안에서의 해석을 벗어나지 못하는 것 같다는 생각과 더불어, 우리 스스로도 기록작업을 부모와의 관계에 끌어들이도록 관여하면서 그 의미에 대해 얼마나 깊이 있게 반추했는지를 되돌아보게 되었다. 우리도 역시 우리가 가진 지식에 기대어 일련의 부모참여의 일상을 그저 흘러가도록 방치한 것은 아닌지 생각해 본다. 좀 더 깊이 적극적으로 논의해 보고 소위 consultation을 해서 합의를 도출한 방식으로 부모와 만났어야 했던 것은 아닌지 마음 불편함을 계속 지울 수가 없다. 특히, 기록작업이 추구하는 반성성(reflection), 개방성(openness) 등의 중요성에 비추어 보건대, 부모들과의 만남에서는 이런 측면들이 거의 실종된 채로 연구가 진행되어 버렸다. 부모들의 참여에 관한 기록작업이 우리에게 연구 자료로서의 분석 대상은 되었지만, 그보다 부모들에게 돌려져 그들 자신의 반성(reflection)을 위해, 그리고 그들 간의 대화의 발판이 될 수도 있는 가능성으로 확장시키기 않았던 것은 안타까움으로 남는다.

이러한 한계는 '우리의 기대' 부분에도 나타난다. 사실, 학습공동체를 지향했던 이 실행연구의 목적에 철저하려면 시작에서의 '우리'가 연구자 세 사람이었다 하더라도 맺는 시점에서의 '우리'는 교사, 부모 등으로 확장되어 새로운 기대를 읽어내고 연구보고에 포함되었어야 한다는 생각이 든다. 다시 현장에의 실행으로 재투입 될때는 출발부터 구성원 모두의 기대에 대한 대화로부터 시작해야겠다는 생각이다. 한편, 부모라는 한 주체와 더불어 유치원을 '학교'라는 또 다른 한 주체로 기술하고 분석한 문제를 지적하지 않을 수 없다. 유치원이라는 장을 하나의 실체로 표현하게 되면 운영자와 교사라는 두 집단의 역동은 드러나지 않는다. 그럼에도 불구하고 '학교'로 대변했던 것은 교사 집단에 대한 자료수집의 어려움 때문이었다는 것을 고백한다. 과중한 업무에 시달리는 교사를 집단으로 소집하거나 개별 면담을 요청하기에는 유치원의 부담이 너무 커졌고, 연구를 위해 희생되는 대상이 되어서는 안 되었기 때문에 교사의 입장에 대한 자료수집이 충분하지 못했다. 다음 연구에서는 운영자와 교사의 입장을 나누어 면밀히 고찰할 필요가 있다.

그러나 아쉬움이나 회한과 더불어 공동 실행연구라는 연구자로서의 새로운 장을 발견한 기쁨도 함께 있다. 참여적 세계관 아래 교육현장을 개선하고자 하는 실행연구는 우리 스스로를 현장 안에서 의미 있을 수 있도록 깊숙이 초대해 주었다. 또한 공동으로 참여하고 대화하고 글을 쓰는 과정에서 세 사람 모두 서로에게 공헌하며 '함께 공부하는' 것의 상승효과를 절감토록 하였다. 열린 학습공동체 체험을 몸소 한 셈이다. 각자 배경과 장점이 모두 다르고 입장과 해석의 차이가 있었지만, 오히려 차이는 서로를 확장시켜 주었고 앞으로 함께 관계 맺어갈 방향을 찾아가게 해주었다. 물리적 공간과 시간을 많이 공유할 수도 없고 각자 다른 목소리들을 따로 내겠지만, 어린이들의 삶을 고양하기 위한 교육현장 개선을 목표로 실행연구를 통해 같이 일할 것이다.

CHAPTER 8

맺으며

: 교실에서의 기록작업 그리고 실행연구자의 기록작업

오늘날 위대한 인간의 행위가 사라지고 모두가 사적인 이익의 추구에로 숨어버릴 때 다시 인간이 살 만한 세상을 만들기 위해서 '탄생성'의 조건에 근거해서 공공성에로의 교육을 강조하는 아렌트는 그래서 교육이란 다시 기다림과 인내이어야 한다고 말한다(이은선, 2003). 그 기다림과 인내를 생각한다면 약 1년간의 우리의 노력을 결과라는 형태로 표현하는 것조차 민망하기만 하다. 우리의 기획은 교실에서의 기록작업이 학습공동체 형성 과정에 있어서 유치원과 부모에게 있어 어떤 단면을 가지게 될지를 보여주었다. 드러난 현상에 비추어 우리는 학습공동체 형성과정에서 기록작업이 갖는 의미를 해석할 수 있었다. 뿐만 아니라 실행연구를 위한 기록작업은 레지오 적용 과정에 참여하고 있는 '우리'의 모습을 발견하게 하였다. 우리의 기획은 레지오의 적용에서 시작된 교실에서의 기록작업이었지만, 실행연구의 기록작업은 그 가운데서 우리를 보게 해 주고 새로운 기대를 안겨 주었다. 즉, 교실에서의 기록작업, 실행연구 과정에서의 기록작업이라는 이중의 기록작업은 학습공동체를 지향하는 과정에서 매우 중요해 보인다. 연구자들이 현장의 실천에 공헌할 수 있는 새로운 방향과, 실천가와 연구자의 협력의 새로운 방향을 제안한다.

다음 장면은 기록작업을 통해 부모와 유치원이 대화하고 의사소통해 가고자 했던 노력과 이 실행에 참여했던 연구자들의 기록작업의 현실과 난점, 그 의미를 상징적으로 잘 드러낸다.

> 한 교사가 부모모임에서 이렇게 말을 맺는다.
>
> "왜 이제야 이런 모임을 가지게 되었는지…"
>
> 순간, 원망스런 몇 개의 눈길이 날카롭게 그녀를 향한다.
>
> 그러나 우리는 그 말에 적잖은 공감을 느끼며 속으로 이렇게 되뇌었다.
>
> '그러게 말이야……'
>
> (바다유치원, 부모간담회, 관찰일지 2003/12/4)

현재 우리나라의 사립유치원에서 학습공동체를 지향한다는 것, 그것은 이런 모습인지도 모른다. 그러나 이 장면을 실행연구라는 맥락 안에서 '기록'하고 있는 우리는 바로 그 안에서 정처 없는 희망의 싹을 찾아간다. 기다림과 인내를 필요로 하는 공공성에로의 교육이라는 희망을….

참고 문헌

김영화, 이인효, 임진영 (1994). 한국인의 교육의식 조사연구. 한국교육개발원.

김희연 (2003). 레지오 에밀리아 접근법의 적용과정에 나타난 유치원아 부모 반응. 유아교육연구. 23(4). 139-168.

김희연, 정선아, 오문자 (2005). 기록 작업을 매개로 한 부모참여에 관한 실행연구: 학습공동체를 지향하며. 유아교육연구. 25(6), 221-254. 한국유아교육학회.

류경희, 김순옥 (2000). 공동육아협동조합의 대안적 가족 형태로서의 가능성 탐색. 한국가족관계학회지. 5(2), 119-151.

서근원 (2004). 산들초등학교의 교육공동체 형성에 관한 교육인류학적 연구. 서울대학교 대학원 박사학위논문.

오문자 (2010). 레지오 알아 가기: 한국에서 레지오 교육의 재구성. 서울: 정민사.

오욱환 (2000). 한국사회의 교육열: 기원과 심화. 서울: 교육과학사.

이부미 (2002). 레지오 에밀리아와 공동육아의 교육체제 및 운영원리 비교: 협력(collaboration)을 중심으로. 한국레지오교육연구회 레지오 에밀리아 국제 학술대회 자료집. pp.142-177.

이은선 (2003). 한나 아렌트의 '인간의 조건'과 '공공성'에로의 교육. 교육사 교육철학, 29(-), 45-73.

이종각 (2003). 교육열 올바로 보기. 서울: 원미사.

Barazzoni, R. (2000). *Brick by Brick*. Reggio Emilia, Itlay: Reggio Children, s.r.l.

Bersani, C. & Jarjoura, D. (2002). Developing a sense of "we" in parent/teacher relationships. In V. Fu, A. Stremmel, & L. Hill (Eds.), *Teaching and Learning: Collaborative Exploration of the Reggio Emilia Approach* (pp. 69-81). Upper Saddle River, NJ: Merill/Prentice-Hall.

Cagliari, P. & Giudici, C. (2001/2005). 부모를 위한 집단 학습 장소로서의 학교. In C. Guidici, C. Rinaldi, & M. Krechevsky (Eds.), *Making learning visible: Children as individual and group learners*. Reggio Emilia: Reggio Children. 기록작업을 통한 학습의 가시화: 개인과 집단 학습자로서의 어린이. 오문자, 박병희. 박선희 공역. 서울: 양서원.

Dahlberg, G., Moss, P., & Pence, A. (1999). *Beyond quality in early childhood education and care*: Postmodern perspectives. Philadelphia, PA: Falmer Press.

Edwards, C. & Rinaldi, C. (Eds.) (2009). *The diary of Laura: perspectives on a Reggio Emilia Diary*. St.Paul, MN: Redleaf Press.

Forman, G., & Fyfe, B. (1998). Negotiated learning through design, documentation, and discourse. In C. Edwards, L. Gandini & G. Forman

(Eds.), *The hundred languages of children: The Reggio Emilia approach - Advanced reflectionson* (pp. 149-15). Greenwood, NJ: Ablex.

Fyfe, B., Hovey, S. M., & Strange, J. (2004). Thinking with Parents about Learning. In J. Hendrick (Ed.), *Next Steps toward teaching the Reggio Way: Accepting the challenge to change*. Saddle River, NJ: Pearson Education.

Guidici, C., Rinaldi, C., & Krechevsky, M. (Eds.) (2001/2005). *Making learning visible: Children as individual and group learners*. Reggio Emilia: Reggio Children. 기록작업을 통한 학습의 가시화: 개인과 집단 학습자로서의 어린이. 오문자, 박병희. 박선희 공역. 서울: 양서원.

Gandini, L. & Goldhaber, J. (2001). Two reflections about documentation. In L. Gandini & C. Edwards (Eds.), *Bambini: the Italian approach to infant/toddler care*. New York, NY: Teachers College Press.

Gandini, L. (1997a/1998). Foundations of the Reggio Emilia approach. In J. Hendrick (Ed.), *The first steps toward teaching the Reggio way*. 레지오 접근법의 첫걸음 (이연섭 역). 서울: 정민사.

__________. (1997b/1998). The Reggio Emilia story: History and organization. In J. Hendrick (Ed.), *The first steps toward teaching the Reggio way*. 레지오 접근법의 첫걸음 (이연섭 역). 서울: 정민사.

Giovannini, D. (2001). Traces of Childhood: A child's diary. In L. Gandini & C. P. Edwards (Eds.), *Bambini: The Italian approach to infant/toddler care*. New York, NY: Teachers College Press.

Hall, E., Oleson, V., & Gambetti, A. (2001). Including parents in the process of documentation., *Child Care Information Exchange*, 138. 52-55.

Hartzell, M., & Zlotoff, B. (2004). Parents as Partners. In J. Hendrick (Ed.), *Next Steps toward teaching the Reggio Way: Accepting the challenge to change*. Saddle River, N. J.: Pearson Education.

Henderson, J. G., & Hawthorn, R. D. (2000). *Transformative curriculum leadership*. Upper Saddle River, NJ: Prentice-Hall.

Hunter, C. (2001). Sunniva's extra pocket - a parent's reflections. In L. Abbott & C. Nutbrown (Eds.), *Experiencing Reggio Emilia: Implications for preschool provision. Buckingham*, U. K.: Open University Press.

Jones, E., & Nimmo, J. (1994). *Emergent Curriculum*. Washington, D.C.: National Association for the Education of Young Children.

Leask, J. (2001). Sam's invisible extra gear - a parent's view. In L. Abbott & C. Nutbrown (Eds.), *Experiencing Reggio Emilia: Implications for preschool provision. Buckingham*, U. K.: Open University Press.

Malaguzzi, L. (1998). History, ideas, and basic philosophy: An interview with Lella Gandini. In C. Edwards, L. Gandini & G. Forman (Eds.), *The Hundred Languages of Children: The Reggio Emilia Approach-Advanced Reflections. 2nd Ed*. Greenwich, CT: Ablex Publishing Co.

Malaguzzi, L. (1993). For education based on relationships. *Young Children*, 49(1), 9-12.

McClow, C. S., & Gillespie, C. W. (1998). Parental reaction to the introduction of the Reggio Emilia approach in Head Start classrooms.

Early Childhood Education Journal, 26(2), 131-135.

Pelo. A. (2002). From Borders to Bridges: Transforming our relationships with parents. *Child Care Information Exchange*, 147. 38-41.

Rinaldi, C. (2006). *In Dialogue with Reggio Emilia: Listening, researching and learning*. London: Routledge.

________. (2001/2005). 문화의 장소로서 영유아센터와 유아학교. In C. Guidici, C. Rinaldi, & M. Krechevsky (Eds.), *Making Learning Visible: Individual and Group Learners. Reggio Emilia*, Italy: Reggio Children, s.r.l. 기록작업을 통한 학습의 가시화: 개인과 집단 학습자로서의 어린이. 오문자, 박병희, 박선희 공역. 서울: 양서원. 38-51.

________. (1998). Projected curriculum constructed through documentation -Progettazione: An interview with Lella Gandini. In C. Edwards, L. Gandini., G. Forman (Eds.), *The Hundred Languages of Children: The Reggio Emilia Approach-Advanced reflections*. (pp. 113-126). Greenwood, NJ: Ablex.

__________ . (1994). Observation and Documentation. Paper given at the Research Conference, Reggio Emilia, April.

__________ . (1993/1995). Social constructivism and emergent curriculum. In C. Edwards, L. Gandini, & G. Forman (Eds.), *The hundred languages of children: The Reggio Emilia approach to early childhood education. Norwood,* NJ: Ablex. 레지오 에밀리아의 유아교육. (김희진, 오문자 역). 서울: 정민사.

Rubizzi, L. (2001). Documenting the documenter. In C. Giudici, C. Rinaldi

& M. Krechevsky (Eds.), *Making learning visible: children as individual and group learners* (pp. 94-115). Project zero and Reggio Children.

Seidel, S. (2001/2005a). 우리 자신으로부터 기록작업의 이해가 시작된다. In C. Guidici, C. Rinaldi, & M. Krechevsky (Eds.), *Making Learning Visible: Individual and Group Learners. Reggio Emilia*, Italy: Reggio Children, s.r.l. 기록작업을 통한 학습의 가시화: 개인과 집단 학습자로서의 어린이. 오문자, 박병희, 박선희 공역. 서울: 양서원. 304-311.

Seidel, S. (2001/2005b). 자신보다 더 큰 어떤 것의 부분이 되기. In C. Guidici, C. Rinaldi, & M. Krechevsky (Eds.), *Making Learning Visible: Individual and Group Learners. Reggio Emilia*, Italy: Reggio Children, s.r.l. 기록작업을 통한 학습의 가시화: 개인과 집단 학습자로서의 어린이. 오문자, 박병희, 박선희 공역. 서울: 양서원. 312-321.

Senge, P. M. (1990). *The fifth discipline: The art and practice of the learning organization*. New York: Bantam.

Vecchi, V. (1998). The role of the Atelierista: An interview with Lella Gandini. In C. Edwards, L. Gandini & G. Forman (Eds.), The *Hundred Languages of Children: The Reggio Emilia Approach-Advanced Reflections. 2nd edition*. Greenwich, CT: Ablex Publishing Co..

저자 소개

오 문 자

서울대학교 불어불문학과, 학사

University of Massachusetts at Amherst, 유아교육 전공 박사

현 숙명여자대학교 아동복지학부 조교수

정 선 아

숙명여자대학교 아동복지학과, 학사

University of Illinois at Urbana-Champaign, 유아교육 전공, 철학박사

현 숙명여자대학교 아동복지 전공 부교수

김 희 연

서울대학교 교육학과, 학사 및 석사

University of Texas at Austin, 유아교육전공 박사

현 세종대학교 교육대학원 교수

청삼아동연구시리즈 22

부모와 유치원

레지오 교육의 기록작업을 매개로 학습공동체를 지향하며

초판 1쇄 인쇄 2010년 12월 10일
초판 1쇄 발행 2010년 12월 17일

지 은 이 | 오문자 · 정선아 · 김희연
펴 낸 이 | 김기섭
책임편집 | 박소정
펴 낸 곳 | 창지사 www.changjisa.com
121-809 서울시 마포구 대흥동 161
전화 (02) 719-2211~3
팩스 (02) 701-9386
등 록 | 1977년 4월 28일 · 제1-421호

ISBN 978-89-426-0599-6 (93370)
값 7,000원